Gerstein · Leben im Pfaffenwinkel

Johann Daniel Gerstein

Leben
im Pfaffenwinkel

Ereignisse und Begegnungen

2002
Buchendorfer Verlag

Sämtliche Fotos stammen vom Autor,
alle Zeichnungen von Max von Trott zu Solz

© Buchendorfer Verlag, München, 2002
Alle Rechte vorbehalten

Umschlag: Ursula Kühn, München
Satz + Repro: cyconics M. Gallmeier, Germering
Druck + Bindung: Gorenjski Tisk, Kranj
Printed in Slovenia

ISBN 3-934036-74-0

Inhalt

Zum Geleit 7

Wie ich ein Buch geschrieben habe
und was mir dabei alles passiert ist 9

Vom neuen Leben auf dem Schillersberg 14

Wie ich ein Paar handgestickte
Trachtenhosenträger bekommen habe 21

Wie ich beinahe einen Waldkauz aufgezogen habe 26

Vom Maibaum 30

Musik im Pfaffenwinkel 40

Von den kleinen Freuden am Wegesrand 50

Der Moorweiher 58

Vom Wandern und Radeln im Pfaffenwinkel 63

Von Bernried über den Auweiher zum
Karpfenwinkel und zurück in die Hofmarkskirche 65

Im Frühling von Schongau
nach Steingaden und zurück 70

Auf den Spuren des Blauen Reiters 74

Rundweg um die Hohe Lüß 80

Tageswanderung auf den Bayrischen Rigi 83

Zum Bauernmarkt in Seeshaupt 90

Vom 100jährigen Glockenläuten
und einem Gang in die Irre 94

Frauen im Pfaffenwinkel 99

Wie wir auf dem Schillersberg immer autarker werden 106

Die stade Zeit 111

Zum Jahreswechsel 118

Zum Geleit

Vieles gibt es, was das Leben im Pfaffenwinkel mit dem Leben außerhalb desselben vergleichen lässt: Freude und Sorge, Erfolg und Misserfolg, Glück und Unglück liegen hier ebenso nahe beieinander wie anderswo.

Manches aber unterscheidet sich auch vom Leben in anderen Regionen unseres Landes. Ursprünglich ist er geblieben, der Pfaffenwinkel. Seine Topografie ist unverwechselbar und die Natur intakt. 18,43% der Landkreisfläche stehen unter Natur- oder Landschaftsschutz! Das ist eine unerhörte, wohl nirgendwo erreichte Größenordnung.

Aber auch die Menschen hier sind unverwechselbar. Praktisch »zweisprachig« haben sie westlich und östlich des Hohenpeißenbergs ihre ursprüngliche Sprachkultur weitgehend erhalten. Allgäuerisch mit tirolerischem Einschlag ist ebenso zu finden, wie der kernige Dialekt Altbayerns.

Tradition und Fortschritt verbinden sich auf wundersame Weise. Die Pflege des Brauchtums nimmt einen ebenso hohen Stellenwert ein, wie die Ansiedlung moderner Industrien. Dass der Pfaffenwinkel eine Industrieregion geworden ist und mit ihm sein Kerngebiet, der Landkreis Weilheim-Schongau, wird oftmals übersehen. Die Fahrt über die kleinen Dörfer unserer Region ist immer noch geprägt vom Bild der Landwirtschaft. 7% der Erwerbstätigen arbeiten noch im Haupt-, Zu- oder Nebenerwerb auf Ihren Höfen. Die Bauern sind auch heute noch das soziale Rückgrat der kleinen Orte.

Aber Fortschritt und Tradition schließen sich eben nicht aus, sie ergänzen sich. Stolz stellen wir fest, dass das Leben im Pfaffenwinkel Freude macht, in wunderschöner Landschaft mit liebenswerten Menschen.

Luitpold Braun
Landrat des Landkreises
Weilheim/Schongau

Wie ich ein Buch geschrieben habe und was mir dabei alles passiert ist

Ein Buch habe ich immer schon schreiben wollen. Mein erstes Jagdbuch war nicht sehr gelungen. Vor 30 Jahren hatte ich im Grunde zu wenig Zeit und Muße, um mich einer solch zeitraubenden und anspruchsvollen Aufgabe zu stellen. Eine Doktorarbeit - so schwer sie auch sein mag - ist im Grunde ja auch kein »richtiges« Buch. Die Lust, einmal etwas »Richtiges« zu schreiben war aber stets in mir gegenwärtig. In den Jahren starker beruflicher Anspannung hat es nur hin und wieder zu einem Zeitungs- oder Zeitschriftenartikel gereicht. Meist war es ein leicht umgearbeiteter Vortrag, der bei den Hörern so gut angekommen war, dass es Freude gemacht hat, seinen Inhalt auch unbekannten Lesern zu vermitteln. Aber ein Buch - nicht daran zu denken.

Dann schlug der Infarkt zu. In der Phase der Rehabilitation wurde in der Lauterbacher Mühle ein Grundstock nicht nur zur physischen, sondern auch zur geistigen und seelischen Gesundung gelegt. Da gab es in der Klinik den Tischnachbarn mit dem gleichen Schicksal, der ein bekannter Maler war. Der begann drei Wochen nach dem Infarkt wieder mit dem Malen in der Stille der Landschaft am Ostersee und erzählte sehr befriedigt beim Abendessen davon: »Heute habe ich wieder etwas Schönes gemacht«. Für mich gab es meine erste Radltour und eine Begegnung besonderer Art in der Kirche von Habach. Danach saß ich abends allein vor meinem Tagebuch und schilderte meine erste Radltour nach dem Infarkt, schilderte die geliebte Landschaft um die Osterseen, die anrührenden menschlichen Begegnungen auf der Fahrt. Die Worte flogen mir förmlich zu, und es war fast Mitternacht, als ich den Füllfederhalter aus der Hand legte. Nun hatte ich auch etwas Schönes gemacht.

Von da an war der Weg zu einem Buch fast zwangsläufig vorgezeichnet, gab es auf einmal 15 Geschichten aus dem Pfaffenwinkel, die zusammengehörten und doch wieder so kraus und verschieden waren wie mein Leben. Geschrieben, verbessert, verworfen, redigiert, wieder geschrieben: Zur Not könnte man sich ein Büchlein vorstellen. Es gab ein Manuskript. Sechs Verlage wurden nach dem Adreßbuch ausgesucht und angeschrieben, Rückporto beigelegt. Dann begann die Warterei. Drei machten es sich leicht und winkten schnell ab. Zwei lobten das Werk, das nicht in ihr Programm passe, und einer ließ lange auf sich warten. Dann gab es einen Brief und eine Verabredung, und auf einmal ein Projekt: »Liebe zum Pfaffenwinkel«.

Der feinsinnige und sachkundige Verleger und Herausgeber im 4. Stock eines schönen Altbaus im Klinikviertel wollte aus den 15 Geschichten allerdings kein bescheidenes schmales Erzählerbändchen produzieren wie ich. Er wollte ein ansprechendes Büchlein um die Geschichten herum machen. Dazu brauchte er Fotos, schwarzweiß und farbig. Ich suchte zwei Wochen lang in meinem umfangreichen Archiv, bis ich 150 geeignete Fotos gefunden hatte. Die Auswahl der »richtigen« Bilder nahm dann zwei Nachmittage mit dem Verleger und seiner Assistentin in Anspruch. Der Verleger legte das Manuskript auch einer Lektorin vor. Sie hat es durchgearbeitet, und es hat dem Buch gut getan.

Dann musste mit einem Mäzen gesprochen werden, der ermöglichen sollte, dass sich das Buch zu einem annehmbaren Preis mit Farbfotos herstellen ließ. In eigener Sache bittet man ungern, auch wenn man mögliche Mäzene ganz gut kennt. Schließlich schrieb ich doch einen Brief an eine Bekannte, deren Liebe zur Natur, zur Schönheit des Pfaffenwinkels und, noch wichtiger, deren Großzügigkeit bei Maßnahmen zum Erhalt von Landschaft und Natur mir bekannt waren. Sie sagte zu meiner Überraschung und Freude ja. Damit war auch die finanzielle Hürde genommen. Sogar Ernst Rattelmüller, Heimatpfleger von und in Oberbayern a.D., Verfasser vieler Bücher über den Pfaffenwinkel und jahrzehntelanger Wegbegleiter der Haunshofener Sänger, konnte gewonnen werden, um das Vorwort zum Buch zu schreiben, obwohl er so etwas noch nie gemacht hatte.

So war es ein weiter, dornenreicher, aber auch interessanter Weg von der Idee zu einem Buch bis zur Umsetzung, Finanzierung, Verwirklichung.

Eines Tages aber ist alle Mühe vergessen. Unvergleichlich ist der Tag, an dem das erste Exemplar wirklich zum Anfassen auf dem Tisch liegt: Das Buch, mein Buch, unser Buch, denn meine Frau und ich waren gemeinsam den Weg gegangen durch viele Höhen und Tiefen, bis es endlich so weit war.

Dann ging es an die Vermarktung. Die freundliche Buchhändlerin in Seeshaupt war bereit, probeweise 50 Exemplare in Kommission zu nehmen. 150 Einladungen zur Vernissage und Lesung an ihre Kunden und 30 oder 40 an vom Autor benannte Freunde im Raum Pfaffenwinkel und Akteure aus dem Buch gingen hinaus. Das zahlte sie. Am Abend vorher gab es eine Lesung für 40 Personen zu Hause in München. Das war eine gute Idee. Trotz eines Fußballspiels kamen fast alle, war es ein vergnügter Abend und eine Generalprobe zugleich. Das zahlte ich. Die Gäste haben nicht nur getrunken, gegessen und applaudiert, sondern auch fast 40 Bücher gekauft. Ich habe vielen eine Widmung hineingeschrieben und habe mich schon fast wie ein Dichter gefühlt.

10

Die Buchhändlerin hat allerdings am Abend darauf die Hände gerungen. In der Kirche von Seeshaupt gaben zur gleichen Zeit die Don Kosaken ein Konzert, zum ersten Mal in der Geschichte des Dorfes. Zusätzlich fuhr die Theatergemeinde mit einem ganzen Bus voll Seeshaupter nach München, und über 40 Absageanrufe hat die freundliche Frau Lejeune-Jung bekommen, die darüber ganz verzweifelt war. Weil sie auch den Vorverkauf für die Don Kosaken in der Hand hatte, wußte sie zudem, wie gut die kulturinteressierten Seeshaupter dieses Konzert angenommen haben. Die einzige Hoffnung der Beteiligten waren nur noch sehr positive Vorbesprechungen in der Presse, die die tüchtige Frau Lejeune-Jung arrangiert hatte. Trotzdem haben wir alle gemeinsam mit höchstens 20 Zuhörern gerechnet und überlegt, ob der Weinhändler wohl die vorsorglich eingekauften Mengen zurücknehmen wird. Wir hatten nicht damit gerechnet, dass schon eine halbe Stunde vor Beginn der Lesung die brave Frau Hausner mit ihrer Freundin vor der Tür der Buchhandlung stand. Sie blieb nicht allein. Als ich eine halbe Stunde später mit der eigentlichen Lesung begann, musste ich erst 5 Minuten mit der Rührung kämpfen. Da saßen sie alle, die Helden meines Büchleins und ihre Kinder, meist in Tracht, oder doch feierlicher als sonst an einem normalen Werktag. Sie hatten die Einladung trotz stolzer 10,— DM Eintritt pro Person als meine ganz persönliche Einladung aufgefasst und bedankten sich artig dafür. Hinterher standen sie richtig Schlange und ließen sich ihr Buch signieren, das sie zuvor gekauft hatten.

So wurde die Lesung mit über 50 Zuhörern ein voller Erfolg, und die vorsichtige Frau Lejeune-Jung hatte am nächsten Tag nur noch Angst, ob die neue Lieferung von 50 Exemplaren rechtzeitig am Montag kommen würde, denn am Ende der Lesung hatte sie nur noch fünf Exemplare übrig, und am Samstag hatte sie ja auch geöffnet.

Seitdem gehe ich wie auf Wolken. Beim Stammtisch in der Post in Iffeldorf habe ich schon acht Exemplare verkauft. Die Wirtin von Hohenkasten hat vier Exemplare abgenommen, und der Pfarrer von Antdorf hat gleich 50 Exemplare gekauft, weil er, wie er sagt, nun endlich was »Gscheites« zum Verschenken hat. Aber auch in Penzberg, Weilheim und Umgebung kann man das Buch bekommen, und die Buchhändler sagen, dass es gut geht. Im feinen Alpenhof in Murnau können die Gäste es ebenfalls mitnehmen, wenn sie wollen.

Früher habe ich bei meinen Reisen den sogenannten »Storecheck« gemacht, also in den Lebensmittelläden und Supermärkten geschaut, ob es »mein« Bier gab und wie es platziert war. Das gleiche tue ich nun mit meinem Buch und freue mich fast noch mehr als früher, wenn der »Storecheck« positiv ausfällt und das Buch zum Anschauen gut präsentiert wird. Noch schöner freilich sind die kleinen Dinge, die sich nun ereignen:

Während ich in Seeshaupt tanke, hört der Seitz von gegenüber gleich mit dem Traktorfahren auf und schaut schnell vorbei. »I hob mir Ihr Buach glei kaft, wia i es in der Zeitung glesen hob. Herr Doktor, wias des vom Musselmann gschribn hobn - Respekt sag i.« Der Bürgermeister Walter Eberl von Bernried ruft an und fragt, ob ich eine Lesung im Herbst in Bernried veranstalten will. Freilich will ich. In Haunshofen und in Antdorf haben sie ähnliches vor. Als ich einen überaus prominenten Pfaffenwinkler bei einer Vernissage in München treffe und auf mein Buch aufmerksam machen will, bekomme ich zur Antwort: »Ach, von Ihnen ist das, es liegt seit vier Tagen auf meinem Nachttisch, und ich habe viel Freude damit«.

Beim Fischen am Grünbach kommt der Leininger mit seinem Uralttraktor vorbeigetuckert und hält augenzwinkernd an. »Obn im Gumpen steht a ganz a große Forellen, aber ja nix sagn, dass der Tipp von mir kimmt - schee is Eanerna Buach.« Was soll das? Da begreife ich endlich, dass der Leininger eben aus meinem Buch die Geschichte vom Seelos Simmerl zitiert hat. Er hat's also wirklich gelesen. In der Bäckerei Wagner spricht mich eine unbekannte Frau an: »Sie kemma mir so bekannt fir. Ham net Sie des Buach von uns gschribn? Is fei schee, Eanerna Buach. Die Hausnerin hot mirs gliecha.«
Die Buchhändlerin in Seeshaupt hat bisher weit über 100 Exemplare verkauft, mehr als von jeder anderen Neuerscheinung in den zwei Jahren des Bestehens ihres Geschäftes.

Der Freund Fritz und seine Frau Barbara erzählen, dass sie das Buch schon dreimal verschenkt haben. Der frühere Vorstand eines Weltunternehmens hat sie daraufhin spontan angerufen und angeblich gesagt, es täte ihm leid, dass das Buch nicht doppelt so dick wäre, so viel Freude hätte ihm das Lesen der 15 Geschichten gemacht. Der Bürgermeister von Bad Heilbrunn lädt uns zur Eröffnung der Ausstellung über die Kurfürstin Adelheid ein und liest bei seiner Begrüßungsrede eine Passage aus dem Buch vor. Beim Stammtisch der Freunde der Turmschreiber in München darf ich zwei Kapitel aus meinem Buch vorlesen und bekomme freundlichen Beifall.

Eine wohlhabende Dame aus Stuttgart mit Zweitwohnsitz am Ammersee hat meine Adresse, ruft an und lädt den Autor mit Frau und Freunden zu einem sehr vergnügten Essen in den Goldenen Apfel nach Apfeldorf ein, weil sie mich unbedingt persönlich kennenlernen will.

Nun muss ich nur noch aufpassen, dass ich nicht völlig größenwahnsinnig werde. Auch für diese Krankheit gibt es aber einen Freund im Pfaffenwinkel mit Rezept:

Der Steidl hat nämlich noch kein Exemplar gekauft, obwohl ja in dem Büchlein wahrhaftig viel Werbung für seine Gastwirtschaft gemacht wird, und er es sich auch finanziell leisten könnte, obwohl er im Austrag ist. Schließlich habe ich ihm ein Exemplar schenken müssen. Der Steidl wollte keine Widmung. Er hat sich auch kaum bedankt, aber mir gratis einen Obstler ausgegeben. Einen Obstler. So viel war ihm das Buch wert.

Marketing im Pfaffenwinkel bleibt eben Marketing im Pfaffenwinkel.

Vom neuen Leben auf dem Schillersberg

Seeshaupt am Starnberger See wurde schon Anfang der 60er Jahre zu einem wichtigen Bezugspunkt in meinem Leben, als ich noch Direktionsassistent, Direktor und schließlich Auslandschef einer Münchner Großbrauerei war.

München war der Mittelpunkt meines beruflichen Lebens. Dort konzipierte ich neue Marketingideen, ließ mich in der ganzen Welt von Termin zu Termin hetzen, verhandelte mit Besuchern aus aller Welt, ging mit ihnen zum Essen, empfing sie zu Hause, wurde eingeladen, lud ein, ging auf Empfänge, in Clubs, zu Sitzungen im Büro und außerhalb. Meine Tage, Wochen und Monate waren übervoll.

Berufliche Erfolge stellten sich rasch ein. Mein Ressort wuchs schnell und brachte dem Unternehmen Erfolge in Deutschland und in der Welt. Meine Marketingstrategie schien aufzugehen und führte sowohl zu neuen Betätigungsfeldern als auch zu finanziellen Gewinnen meines Unternehmens bei verhältnismäßig geringem Einsatz an menschlichen und finanziellen Ressourcen. Es ging scheinbar alles vorwärts und nach oben, der Bekanntheitsgrad der Marke, das Ansehen, die Gewinne, das persönliche und das Firmenprestige und nicht zuletzt meine Bezüge. Aber wie der Erfolg und damit mein Licht wuchs, wuchs auch mein Schatten. Ich merkte es nicht und war wohl auch nicht clever und energisch genug, rechtzeitig gegenzusteuern.

Es war ein sehr anstrengendes Leben. Es war nicht immer einfach, ein großes Unternehmen mit bescheidenen Mitteln angemessen zu repräsentieren. Nicht einfach war es, viele Wochen und Wochenenden in der Luft oder damit zu verbringen, den Jetlag aufzuholen oder im Büro aufzuarbeiten, was in meiner Abwesenheit liegen geblieben war.

Unruhe und innere Rastlosigkeit fielen erst von mir ab, wenn ich mit meiner jungen Frau, oft müde und erschöpft, »unser« Zimmer im Haus eines Freundes am Starnberger See aufsuchen konnte. Es war ein schönes, wie ich fand das schönste Zimmer im zweiten Stockwerk eines gelben Hauses am See mit Blick auf das Wasser und den langen Steg mit der Boje, an der das Segelboot meiner Frau lag. Ich war dem Freund, der es mir zu einem Freundschaftspreis vermietet hatte, überaus dankbar für diese Bleibe, die schnell zum Angelpunkt und zum ersehnten Ruhepunkt meines unruhigen Lebens wurde. Wir teilten uns mit dem Freund, seiner Frau und seiner Schwester Bad und Küche, was sicher einige Rücksichtnahme erforderte, aber meistens gut ging in unserer »Ferienkommune«, wie wir unser Feriendomizil scherzhaft nannten.

Draußen, im Sommer und Frühherbst im weitläufigen Garten fanden wir einen gemütlichen Platz unter dem großen Walnussbaum, wenn wir anderen Menschen aus dem Weg gehen wollten. So wurde Seeshaupt für uns immer wichtiger, vor allem, da unsere Mietwohnung in München relativ klein und ohne Garten war.

In Seeshaupt vertauschte ich den blauen Geschäftsanzug und das weiße Hemd mit Jeans oder Bundhose, erfrischte mich im Sommer im See, lief im Frühling, Herbst und Winter am See entlang oder fuhr in meine nahegelegene Jagd und an mein Fischwasser. Das lag nur eine kleine Autoviertelstunde entfernt im einsamen Grünbachtal und war ein Paradies. Auf hundert Hektar durfte ich jagen, und eineinhalb Kilometer Forellenbach gehörten auch noch dazu. Viel später wurden es ein paar Kilometer mehr. Damals war es genug, entsprach den nicht gerade üppigen finanziellen Verhältnissen, und ich liebte es sehr. Ohne Jagd, Fischwasser und zweites Domizil am See hätten wir uns vielleicht in München eine größere Wohnung leisten können, aber wir setzten eben andere Prioritäten und glaubten, dass wir nach Hektik und Stress das ruhige Landleben dringend brauchten. In Seeshaupt ließ ich mich, soweit es ging, ganz von der Natur aufnehmen und einhüllen.

Dann starb meine Frau plötzlich und unerwartet an einem nicht erkannten Hirntumor. Es dauerte lange, bis ich ihren Tod überwand und eine neue Beziehung aufbauen konnte. Danach wurde mein Vertrag mit der Brauerei nicht mehr verlängert. Es galt, im Alter von 58 Jahren eine neue Aufgabe, einen neuen beruflichen Lebensinhalt zu finden. Zu alledem schlug ein Herzinfarkt zu, der mich zunächst einmal ganz außer Gefecht setzte. Spätestens da wurde es meiner zweiten Frau und mir klar, dass ein grundlegender Wechsel der Lebensgewohnheiten für den Erhalt psychischer und physischer Gesundheit dringend angezeigt war.

Zufall und Glück halfen relativ bald zu neuen Ufern. »Outplacementberatung« hieß das berufliche Ufer. Das ist die Aufgabe, Menschen, die ihren Job verloren haben, zu zeigen, wie man einen neuen findet. Dazu gehört die Aufstellung eines Schwächen- und Stärkenprofils, Selbstbeurteilung und Fremdbeurteilung, das Erlernen der Fähigkeit, die eigenen Erfolge sinnvoll und überzeugend darzustellen. Nach der nachdrückklichen Stärkung des Selbstbewusstsein gilt es, mit den betroffenen Kandidaten eine Zielvorstellung zu entwickeln und darauf einen Lebenslauf aufzubauen. Es gilt ferner, die erforderlichen Marketing-Unterlagen für die Selbstvermarktung einer Persönlichkeit zu entwickeln. Zum Schluss müssen neue Anstellungsverträge geprüft und beurteilt werden. Diese Aufgabe ergab sich im Rahmen eines erfahrenen in Deutschland führenden Unternehmens, in tragbaren Räumen und einem vernünftigen Ambiente. Nach einem halben Jahr war ich so eingearbeitet, dass ich gut auf die Menschheit losgelassen werden konnte und hatte bereits meine ersten Erfolge. Nun hatte ich eine gesicherte beratende Tätigkeit ohne operative Verantwortung, zahlreiche Erfolgserlebnisse - jedes Mal, wenn einer meiner Kandidaten mit meiner Hilfe einen neuen Job gefunden hatte - und ein finanzielles Polster, das mir erlaubte, meine Lebensführung fast so wie vorher fortzusetzen.

Auch bei der Veränderung des alten Domizils half der Zufall. Im Reha-Sanatorium gab es die Krankenschwester Cäcilie, die mit ihrem Mann eine Wohnung bei einem Bauern auf dem Schillersberg in der Nähe der Osterseen hatte und nach Penzberg ziehen wollte. Eine Wohnung, knapp 80 qm, unter den Dachschrägen eines Bauernhauses. Ein Ostbalkon mit Blick auf die Berge. Kleine Küche, winziges Bad, zwei ganz kleine Kämmerchen für Gäste und ein Mini-Büro, dafür ein großes Schlafzimmer und ein großes Wohnzimmer mit Kamin, Eckbank und Ahorntisch unter dem großen Fenster. In weniger als sieben Minuten von der Wohnung entfernt lag unser Weiher, ein völlig ruhiger, idyllischer Moorsee mit einem kleinen, fast unsichtbaren, versteckten Steg. Direkt vom Hof aus ließen sich lange und kurze Spaziergänge erahnen, dem Wald sah man auch im Frühjahr an, dass er im Herbst zum Pilzsuchen einlud.

16

Bald war der Mietvertrag mit dem Eigentümer unterzeichnet, zogen die Vormieter aus, wurde die Wohnung renoviert und behutsam mit den Sachen aus der Seeshaupter Zeit und gebrauchten Möbeln vom Speicher der Eltern und der Schwiegermutter eingerichtet. Wir hatten ein neues Heim und schwammen Pfingsten zum ersten Mal selig in unserem Weiher. Der Infarkt war überwunden. Der neue Beruf konnte ohne neuen Stress ausgeübt werden. Zwei Tourenräder zur Erkundung der Umgebung wurden angeschafft.

Das allein freilich bewirkt noch keine Wandlung, keine Änderung der früheren Lebensgewohnheiten, keine neuen Prioritäten. Das entwickelt sich erst im Laufe der Zeit. Es begann damit, dass der vierschrötige Sepp, Pächter des Hofes, und die Alexandra, seine damalige Freundin, nicht etwa Brot und Salz zum Einzug brachten, sondern sich eher kurz und nicht übermäßig freundlich vorstellten mit den Worten: »Ich bin der Sepp, das ist die Alexandra und wer seid's es?« »Daniel und Anemone«. »Paßt«. Damit waren wir zwar nicht in die Hofgemeinschaft aufgenommen, gewöhnten uns aber schnell an die Musik von Radio Oberland für das Milchvieh, an Traktorkrach und Odelgestank. Den Ziegenkäse der Alexandra bezogen wir fortan zum Vorzugspreis. Als das Obst im Obstgarten reifte, öffnete der Sepp den Garten und seine Früchte für Daniel und Anemone. Als ihn ein betrügerischer Lieferant mit verdorbenem Silo beliefert hatte und finanziell über den Tisch ziehen wollte, ihm gar einen Mahnbescheid schickte, bekam er juristischen Rat gratis. »Wir« gewannen sogar den Prozess vor dem Amtsgericht in Weilheim. Der endgültige Durchbruch kam wohl dadurch, dass wir den alten, seit Jahren aufgelassenen und völlig verwilderten und verkommenen Bauerngarten in wochenlanger Schweißarbeit zum Leben erweckten und erste Blumen, Zwiebeln und Kartoffeln setzten, sowie den Schnecken den Krieg erklärten. Die Fähigkeit zu körperlicher Arbeit mit sichtbarem Erfolg bei einem Stadtmenschen imponiert einem Bauern allemal. So wurden wir langsam - Stück für Stück - in die Hofgemeinschaft aufgenommen und lernten, dass es beim Garteln nicht hoppla hopp zugeht, dass man warten lernen muss, Fehler macht, die sich nur langsam korrigieren lassen. Das lernen wir immer noch.

Vom Hof ging es mit den Rädern, dem Auto oder zu Fuß in die Kirche von Antdorf und die nahegelegene Kapelle von Pollingsried zu Maiandachten, dem St.-Anna-Fest, zur Kräuterweihe nach Frauenrain, zu Advent und Weihnacht hier oder im benachbarten Bauerbach. Zu einigen Höfen in der Nachbarschaft nahmen wir nach und nach Kontakt auf, halfen mit Rat und gelegentlicher Tat, fotografierten die Inhaber und ihre Kinder oder gestalteten gar einen Prospekt für Ferien auf dem Bauernhof. Hier war meine Frau bald viel gefragter als ich selbst. Unter Frauen gibt

Unser Weiher im Sommer

es, scheint's, noch mehr gleichartige Kommunikationsebenen als unter
Männern. Unsere nachbarschaftlichen Gespräche reichen inzwischen
weit über den Austausch von Kochrezepten und Ratschlägen für die Gar-
tenpflege hinaus. Fragen, die mit Krankheit und Kindererziehung zu tun
haben, werden gestellt und beantwortet. Die Hausnerin zum Beispiel
rechnet inzwischen fest damit, dass meine Frau ihr tatkräftig zur Seite
steht, wenn sie ihre Kirchenfeste ausrichtet - sei es beim Einschenken und
Verkauf von Kaffee, beim Filmen mit Video oder der Lieferung von
selbsteingelegtem Rumtopf für den Weihnachtsmarkt. Dafür werden wir
auch als einzige Ortsfremde zur Hochzeit der Tochter Doris eingeladen.
   Wir lernen vor allem das Zuschauen und das Zuhören. Es interessiert
uns auch wirklich, was in der kleinen Gemeinschaft um uns herum
geschieht. Wir sind nicht mehr auf einer kleinen Insel wie im gelben Haus
in Seeshaupt, sondern auf der großen Insel des Pfaffenwinkels zwischen
Seeshaupt, Antdorf, Murnau, Weilheim und gelegentlich darüber hinaus.
Voll integriert sind wir freilich noch lange nicht. Vor und nach der Kirche
in Antdorf, Iffeldorf, Bauerbach und Haunshofen stehe ich, wenn überhaupt, immer noch ein wenig verloren bei den Bauern und wage es noch
nicht, mit ihnen dem Gottesdienst auf der Empore beizuwohnen. In der

18

Unser Weiher im Herbst

Kirche sitzt folglich meine Frau auch nicht links wie die anderen Frauen aus dem Ort, sondern rechts unten neben mir. Vielleicht wird sich das noch einmal ändern. Gruß und Gegengruß gibt es ja schon, auch ein gelegentlicher Ratsch ist nicht nur unter den Frauen, sondern auch unter uns Männern durchaus einmal möglich. Forcieren darf man im Dorf nun einmal nichts und zuviel fragen auch nicht. Langsam, sehr langsam wird so aus dem Brauereidirektor und Doktor beider Rechte wieder ein Mensch voller Schwächen und Stärken mit offenen Ohren und Augen für das, was um ihn herum vorgeht. Solch eine Entwicklung und Einbindung kommt nicht von heute auf morgen, sondern im Laufe von Jahren.

Es kommt hinzu, dass ich begonnen habe, nicht nur zu jagen, zu fischen, zu radeln und zu wandern, sondern auch darüber und über anderes, was mich bewegt, zu schreiben. Auch dadurch weitet sich mein Gesichtskreis, werde ich zum genaueren Beobachten gezwungen, nimmt mein waches Interesse an der Landschaft und ihren Menschen ständig zu. Ich werde aufgeschlossener für die Schönheit der Landschaft zum einen und für die Probleme und Ansichten der Menschen um mich herum zum anderen.

Sogar einen Stammtisch habe ich inzwischen, am Samstagmorgen von 11⁰⁰ bis 12⁰⁰ Uhr im Gasthof zur Post in Iffeldorf, inzwischen im Landgasthof Osterseen. An ihm sitzen Bauern aus dem Dorf, ein früherer Brauereiarbeiter, ein Zimmerer, der Bruder des Bürgermeisters, der Jagdpächter, ein naturalisierter Amerikaner und ich selbst. Viel sage ich dort noch nicht. Zu den Gesprächsthemen, die dort behandelt werden, kann ich ja meist nichts, jedenfalls nichts Wesentliches, Neues oder Wissenswertes beitragen. Weder weiß ich in der Dorfgeschichte Bescheid, noch kann ich mich an den alten Schwaighofer erinnern, der so stark war, dass er den Dorfpfarrer mitsamt Stuhl mit den Zähnen am Rockkragen hochheben und kreisen lassen konnte. Ich weiß auch nicht, ob es vernünftig ist, wenn man jetzt Rinder zur Mast aufstellt oder welches Holz man am besten für eine Tischplatte hernimmt. Ganz wenig, aber immerhin doch ein bisschen weiß ich über das Wetter, die Holzpreise und die Tagespolitik. Im ganzen höre ich lieber zu. So versinkt der Brauereidirektor mehr und mehr im großen Ozean der positiven und negativen Erinnerungen und aus unserem viel kleineren Weiher wächst dafür eine neue Persönlichkeit heran, die durch die Umwelt und ihre Menschen neues Leben und einen neuen Lebensinhalt erfahren hat und erfährt.

Wie ich ein Paar handgestickte
Trachtenhosenträger bekommen habe

Wenn ein Mädchen im Pfaffen- winkel, im Werdenfelser oder im Tölzer Land einen Burschen sehr lieb hat und ihm dies zei- gen will, stickt sie ihm Hosen- träger zur Lederhosen. Die neh- men sich prächtig aus. Besonders zum weißen Hemd hebt sich das Schwarz der Trä- ger mit den blauen Enzianen, dem weißen Edelweiß und rotem Almrausch wunderbar ab. Manchmal sind auf dem Mittelteil auch noch die Anfangsbuchstaben des Eigen- tümers solcher Tracht zu sehen. Die Beziehung zwischen dem Mädchen und dem Burschen muss aber schon von Dauer sein, denn an handgestickten Hosenträgern arbeitet auch eine sehr fleißige Schöne leicht 200 Stunden dahin, und wenn sie noch anderes zu tun hat - und wer hätte das nicht - muss die Beziehung schon fast ein kleines

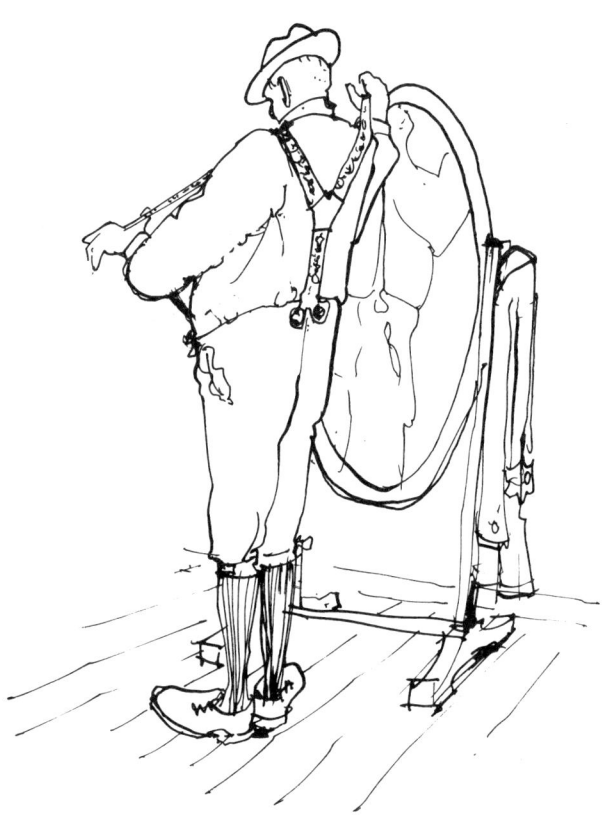

Jahr andauern, bis die Hosenträger fertig sind. Dann soll die Beziehung ja eigentlich auch eine Zeit lang fortdauern, weil sich der ganze Aufwand sonst nicht lohnen würde. Das und viele andere durchaus wissenswerte Einzelheiten über handgestickte Hosenträger habe ich nicht gewusst, bis ich selbst stolzer Besitzer solcher Träger geworden bin und diese auch nutze.

Wie das zugegangen ist, obwohl ich doch, wie nicht nur mir, sondern im Pfaffenwinkel auch all meinen Freunden bekannt ist, glücklich verhei- ratet bin und eine Frau habe, die zwar in vielen Fertigkeiten bewandert ist, wozu aber das Sticken von Trachtenhosenträgern nicht gehört, ist ein wenig merkwürdig. Die Geschichte ist nicht sehr lang und schneller erzählt, als Hosenträger gestickt werden können.

Eines Tages im frühen Frühling hat die Hausnerin mich gefragt, ob ich wohl jemand wisse, der ihr Hirschgrandeln verkaufen könne. Sie wollte ihrer Tochter Doris zu einem runden Geburtstag einen Grandelschmuck machen lassen, weil sie, die Tochter, schon Grandelschmuckohrringe habe, die sie besonders gern möge. Grandeln sind, für Nichtjäger sei es erklärt, zwei rudimentäre Eckzähne im Oberkiefer von männlichem und weiblichem Rotwild. Je kleiner und brauner sie sind, desto wertvoller sind sie. Da habe ich mich daran erinnert, dass ich im Laufe meines reichen Jägerlebens auch ein paar Stück Rotwild mit schönen Grandeln geschossen habe, die ich gerne einem vernünftigen Zweck zuführen wollte. Ein Halsschmuck für die stets freundliche Doris, die mir dazu schon ein paar gute Schwammerlplätze verraten hat und nicht immer ein fröhliches Schicksal in ihrem Leben hatte, wäre so ein vernünftiger Zweck. Darum habe ich mich gerne von diesem meinem Schatz trennen können. Die Hausnerin hat gestrahlt, und die Doris ist vor Freude und Dankbarkeit gleich ganz rot angelaufen, als ich vor beiden Frauen die Grandeln auf ein dunkelgrünes Filztuch geschüttet, sie ihnen gezeigt und dann geschenkt habe.

Unsere Bauern im Pfaffenwinkel haben Schwierigkeiten, sich wortreich zu bedanken oder ihrer Freude beredt Ausdruck zu verleihen. Wer das nicht weiß, ist leicht gekränkt, wenn er für eine dankenswerte Tat keinen oder - wie er meint - nur geringen Dank erntet. So war es diesmal auch. In die etwas peinliche Stille, die nach der Übergabe der Grandeln mangels ausdrücklichen Dankeschöns entstand, fragte die errötende Doris nun plötzlich: »Möchtens vielleicht amal für Ihre Lederhosn a paar richtige Hosnträger statt dem Maschinenglump, das Sie da oham?«

Ich nickte, völlig ahnungslos, welche Lawine ich damit lostreten würde. Nicht etwa von wegen einer unerlaubten oder unziemlichen Beziehung zur Doris. Die verbot sich aus Alters- und auch aus anderen Gründen. Aber eine Lawine von Arbeit wurde im April des Jahres in Marsch gesetzt, und ich hatte, ich muss es noch einmal sagen, keine Ahnung, was ich da angerichtet hatte.

Zunächst mussten die Muster für die Träger festgelegt werden. Blumen wurden a priori verworfen. »Die hat a jeder«. Tiere, jagdbare Tiere, die mir nahe standen, sollten es daher sein, Rehbock und Has vor allem. Auf Betreiben der Hausnerin, die an den Beratungen sachverständig teilnahm, sollte zu den Säugetieren noch ein jagdbarer Vogel Abwechslung ins Design der Träger bringen. Nachdem der Fasan wegen seines langen Stoßes schlecht machbar erschien und Taube und Rebhuhn als unansehnlich verworfen wurden, einigte man sich auf einen Auerhahn. Ich habe zwar

22

noch keinen geschossen, aber viele verhört und beobachtet, als ich noch jünger war. Im Bruststück des Hosenträgers hätte ich am liebsten nur meine Initialen D.G. gehabt, aber das duldete das Designerpaar auf der anderen Seite durchaus nicht. Es müsse ein Hirsch her, schon zur Erinnerung an die Grandeln, und zwar ein Hubertushirsch zum Zeichen christlicher Gesinnung, also mit einem goldenen Kreuz zwischen dem Geweih. Das gefiel mir eigentlich gar nicht so gut, weil ich fürchtete, es würde kitschig und überladen wirken. Der geballten Wucht der hierfür von beiden Damen vorgebrachten Argumente hatte ich aber keine oder nicht genug zugkräftige Argumente entgegenzusetzen und ergab mich schließlich. Die Designersitzung endete also mit einem klaren 2:0 zugunsten der Familie Hausner, ein Torverhältnis, das auch auf alle zukünftigen Sitzungen zutreffen sollte.

Ich wusste nicht, dass nun die eigentliche Arbeit der Hausners erst begann. Es mussten nämlich geeignete Vorlagen für die Tiere gefunden, zeichnerisch umgesetzt, auf Millimeterpapier übertragen, die einzelnen Stiche ausgezählt und dann erst auf Stramin gestickt werden. Vorher mussten die Farbtöne in Einklang mit den Brauntönen der Lederhose ausgewählt werden. Da es keine geeigneten Tiervorlagen in den Handarbeitsheften gab, bedurfte es vor dem Beginn der Stickerei vieler Sitzungen, Zeichnungen und Besprechungen, nicht zuletzt auch mit der sachkundigen Frau Angela Schumacher vom einschlägigen Handarbeitsgeschäft in Penzberg, bis diese Vorarbeit endlich geleistet war.

Frau Hausner beim Sticken der Hosenträger

Besonders eine brauchbare Vorlage für den Hasen bereitete fast unüberwindliche Schwierigkeiten. Ich lieferte den Hausners mehrere Exemplare meiner Jagdzeitschriften »Wild und Hund« und »Die Pirsch«, die auf passende Fotos oder verwertbare Zeichnungen durchforstet wurden. Anschließend dienten sie dem achtjährigen Seppi, Sohn der Doris, als willkommene Lektüre. Wie viel andere Personen in den Auslese- und Aussuchprozess eingespannt worden sind, weiß ich immer noch nicht. Immer wieder aber hat die Hausnerin auf Fragen erklärt, dass sie noch dahin und dorthin fahren und da oder dort noch Ideen oder Zeichnungen abholen müsse. Auch der Computer hat hier irgendetwas zu tun bekommen. Wer ihn bediente, wie sachkundig der war - ich weiß es nicht. Was ich, wie vieles andere gleichfalls nicht wusste, war, dass die Hausnerin und ihre Tochter aus Ehrgeiz nur auf ganz feinem Stramin stickten, was die fertige Arbeit zwar verschönern sollte, aber erheblich verlangsamte. Bei meinen Besuchen fand ich nun Mutter und Tochter häufig stickend in der Küche, konnte aber deutlich sichtbare Fortschritte bei den Trägern kaum feststellen.

Natürlich erfolgten all diese Arbeiten, Konsultationen, Erkundigungen und Stickereien neben den sonstigen Tätigkeiten der Hausners, die von der Führung eines Haushalts mit fünf erwachsenen Personen, zwei schul- oder kindergartenpflichtigen Kindern, Versorgung von Milchvieh, Stallhasen, Hühnern, Hunden und Singvögeln, Pflege des schönsten Geranienbalkons im Pfaffenwinkel, Garteln für alle Esser und Freunde, auch andere Tätigkeiten beinhaltet, denen sich diese erstaunliche Familie mit Eifer hingibt. Hierzu gehört beispielsweise auch das Schwammerlbrokken im Wald rund ums Haus und in Südtirol, wo eine Schwester der Hausnerin wohnt. Zu ihrer Tätigkeit gehört auch die Ausrichtung hoher kirchlicher Feste in der Kapelle von Pollingsried einschließlich üppiger Kuchenbüffets und gelegentlicher ausführlicher Stunden der Kommunikation, die auf bayerisch »Ratsch« heißen, mit uns und anderen Nachbarn rundum.

So war es fast ein Wunder, dass schon sechs Monate nach der Grandelübergabe die fast fertigen Träger, bei denen auch berücksichtigt war, dass die Tiere sowohl auf der Brust als auch auf dem Rücken aufrecht gehen mussten, nun mit einer »einfachen« handgedrehten Kordel eingefasst und zum Säckler gebracht werden konnten. Der spannte das ganze Kunstwerk, dämpfte es, nähte es auf ein Leinenband und dann auf Schaflederträger. Er ist einer der Letzten seiner Zunft im Bayrischen Oberland in der Nähe von Wolfratshausen. Allein der Besuch bei diesem Meister, der sein Handwerk betreibt wie vor 40 Jahren, während seine Kinder im Vorraum der Werkstatt ein sehr großes zweistöckiges Ladengeschäft mit bayrischen Männer- und Frauentrachten sowie Zubehör vom Feinsten umfunktioniert haben, wäre eine eigene Geschichte wert. Ich musste dort persönlich zugegen sein, weil die Hosenträger selbstverständlich auch noch einmal vor der endgültigen Fertigstellung anprobiert werden mussten, damit die Träger ihre eigentliche Funktion, die Hose zu tragen, auch ausführen können.

Bis zu dieser Stunde hatte die kundige Doris für Vormaterial, Material und die Tätigkeit des Säcklers, vielleicht auch anderer Personen, die mir nicht bekannt sind, über 312 DM ausgegeben. Die Belege für die einzelnen Ausgaben hat sie aufgehoben, die einzelnen Beträge auf der herausgerissenen Seite eines Schulheftes vom Seppi fein säuberlich notiert,

24

addiert und mir präsentiert. Ich habe die Summe natürlich auch gleich bar bezahlt, nicht ohne dem Seppi etwas für die Sparbüchse draufzulegen. Die Arbeitsstunden, die sie und ihre Mutter auf die Anfertigung der Hosenträger verwendet haben, haben die Damen nicht gezählt. Meine Frau hat sie bei ihrer Tätigkeit aber wenigstens fotografiert und ihnen die Bilder geschenkt.

Mit Triumph in der Stimme meldete die Hausnerin Ende August telefonisch die endgültige Fertigstellung des Kunstwerkes. Da ließen wir alles stehen und liegen und fuhren gleich hinüber zum Tradfranz, um das Wunderwerk anzuprobieren. Die Doris hat es persönlich an die Lederhose geknöpft. Nun spannen sich auf braunem Grund - mit vierfarbiger Kordel eingefasst - auf jeder Trägerseite fünf Hasen, fünf Rehböcke und fünf Auerhähne, die alle mit insgesamt 15 grünen Eichenzweigen mit zwei braunen Eicheln daran voneinander abgegrenzt sind. Auf meiner Brust prangt ein stolzer Sechsender mit einem goldenen Kreuz auf dem Haupt und neben dem Hirschhaupt sind die Anfangsbuchstaben meines Namens ebenfalls in Gold eingestickt. Dieses Brustschild ist 10 cm breit und 25 cm lang!

Niemand im Pfaffenwinkel wird je solche Hosenträger sein eigen nennen. Da hatte ich auch Mühe mit dem Bedanken. Schade, dass gerade kein hohes Fest ist, bei dem man die Hosenträger anlegen und herzeigen kann. Und dass es bis zum Oktoberfest noch drei Wochen sind. Aber dann!

Wie ich den Hausners Mühe und Arbeit vergelten soll, weiß ich noch nicht, aber ich werde und muss mir da schon etwas Besonderes einfallen lassen.

In letzter Zeit spricht die Doris öfter von einem Heiratstermin im nächsten Jahr, und den dazu passenden Mann hat sie auch schon gefunden. Vielleicht ergibt sich zur Hochzeit eine Gelegenheit, nachdrücklich zu danken. Und wenn wir, woran eigentlich kein Zweifel besteht, eingeladen werden, ergibt sich ganz sicher die Gelegenheit, die Hosenträger wieder einem sachverständigen Publikum vorzuführen.

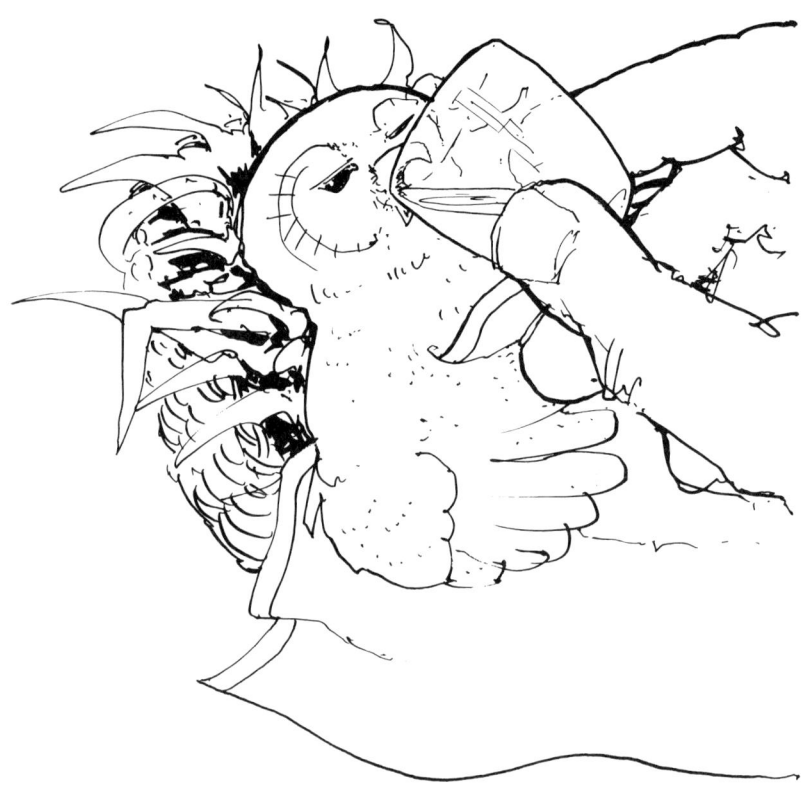

Wie ich beinahe einen Waldkauz aufgezogen habe

Irgendwann Anfang Juni hatte ich einen guten Rehbock geschossen und fuhr nachts mit meiner Frau zufrieden und glücklich nach Hause. Ich hatte lange auf den Bock gepasst, der Schuss war schwierig gewesen, weil er so spät gekommen und die Grenze nahe war. Aber der Bock hatte im Feuer gelegen, und der Bauer Theo, bei dem ich seit 25 Jahren jagen darf, war mit mir zufrieden.

Als wir kurz vor dem Schillersberg durch das Waldstück vor Hohenkasten fuhren, tat es plötzlich einen leichten dumpfen Schlag am Auto, den ich kaum bemerkte. Ich wäre unbesorgt weiter gefahren, wenn meine Frau nicht gesagt hätte: »Jetzt hast du eine Eule überfahren. Sie saß auf der Straße.« Das mochte ich nicht glauben. Was tut eine Eule nachts auf der Landstraße? Da soll sie doch fliegen und Mäuse fangen und nicht auf der Straße sitzen. Aber ich kehrte trotzdem bei nächster Gelegenheit um, fuhr langsam mit aufgeblendeten Scheinwerfern auf der verkehrsarmen Straße zu der Stelle des dumpfen Aufschlages zurück, und da lag wirklich ein zuerst undefinierbares braunes Etwas auf dem Asphalt. Ich stieg aus und hob es auf. Es war ein Eulenvogel, ein junger Waldkauz, um genau zu sein. Sein Herz schlug noch schwach, aber seine Augen waren geschlossen, und er wehrte sich nicht beim Anfassen und Aufnehmen.

Was tut man mit einem offenbar schwerverletzten Eulenvogel mitten in der Nacht, wenn man kein Tierarzt ist und heim will. Ich, der ich ja gerade zwei Stunden zuvor einen Rehbock getötet hatte, brachte es natürlich nicht über mich, den kranken Waldkauz in den Graben zu werfen, um dem Fuchs eine Freude zu machen. Ich schaffte es auch nicht, ihm kurzerhand den Hals umzudrehen oder ihn mit dem Auto noch einmal zu überfahren. Alle drei Lösungen wären vernünftiger gewesen als das, was ich tat, aber nicht natürlicher. Ich übergab nämlich den Autoschlüssel meiner Frau, nahm das kranke

Unser Waldkauz kurz vor dem Auslassen

Tier in beide Hände und so fuhren wir die wenigen Kilometer hinauf zum Schillersberg. Der Kauz lohnte es uns mit einem gewaltigen weißen und stinkenden Kotstrahl auf die Lederhose. So viel Leben war also doch noch in ihm.

Auf dem Hof nahmen wir einen alten Gartenkorb, polsterten ihn mit Gras aus und trugen Korb und Tier auf den Balkon, wo es Licht gab und eine genauere, wenn auch immer noch oberflächliche Untersuchung stattfinden konnte. Sie ergab zunächst, dass weder ein Flügel gebrochen noch ein Fuß verletzt war. Auch die Rippen des Brustkorbes fühlten sich heil an, ebenso die Schädelknochen. Dafür gab er aber kaum noch Lebenszeichen von sich. So ließen wir ihn wie betäubt auf dem Rücken liegend im Korb auf dem Balkon, aßen unser spätes Abendmahl und versuchten, die Lederhose mit heißem Wasser von den Kotspuren notdürftig zu reinigen. Leber, Niere und Herz des Rehbocks wurden, wie immer, sogleich in Joghurt eingelegt und dann kümmerte ich mich wieder um meinen Logiergast. Ich glaubte, dass jedes kranke Lebewesen zuerst einmal Flüssigkeit braucht, um zu überleben. Es zeigte sich, dass man dem Kauz mit der Hand den Schnabel leicht öffnen konnte. Als er aus einem Schnapsglas Wasser in den offenen Schnabel gegossen bekam, schluckte er es sogar. Inzwischen war es fast Mitternacht geworden. Da nahm ich vor dem Einschlafen noch die Hälfte einer rohen Niere, spülte das

Joghurt unter fließendem Wasser ab, zerkleinerte sie und hielt ein Stückchen dem Waldkauz vor den Schnabel. Der zeigte keine Reaktion - oder doch? Das rechte Auge war plötzlich geöffnet, und als ich mit sanfter Gewalt den Schnabel öffnete, rutschte die halbe Niere wie von selbst Stück für Stück in den Schlund, freilich ohne dass eine Schluckbewegung festzustellen war. Ich stellte den Wecker auf zwei Uhr morgens und ging zu Bett. Als er klingelte, stand ich auf und sah nach meinem Patienten. Der hatte inzwischen beide Augen offen, lag aber immer noch recht apathisch im Gras und im Korb. Er bekam die zweite Hälfte der Niere, und sie verschwand in seinem Schnabel. Es schien mir, als habe sich der Herzschlag stabilisiert, und ich beschloss, mit meiner Therapie fortzufahren, zumal mein Logiergast eben beide Augen geöffnet hatte und mich zu beobachten schien.

Um 4 Uhr morgens war die zweite Niere verfüttert. Der Kauz saß inzwischen aufrecht in der Kuhle von Gras mitten im Korb und knappte wiederholt mit dem Schnabel. Auch drehte er seinen Kopf ein wenig. Um 8 Uhr morgens war nach der Niere bereits ein kleiner Teil des rohen Herzens vom Rehbock in seinem Schlund verschwunden, und er knappte jetzt häufiger, als wollte er ein Ständchen bringen. So verging der Sonntagmorgen. Inzwischen konnte man unbesorgt telefonieren und z. B. beim Bund für Naturschutz anrufen, um zu fragen, wo die nächste Auffangstation für kranke Greifvögel zu finden wäre. Das Tonband, das dort lief und auf Montag vertröstete, konnte die gewünschte Auskunft allerdings nicht geben. Auch die Vogelwarte in Garmisch-Partenkirchen war nur zu Konservenauskünften bereit. Der befreundete Tierparkdirektor in München war gleichfalls nicht zu erreichen. Aber sein Vorgänger war daheim. Sein Rat war sehr pragmatisch, nachdem er den organischen Befund: 'keine ernstlichen Verletzungen' gehört hatte: »Gib ihn nirgendwo ab. Eigentlich darfst du ihn ja wegen der Artenschutzbestimmungen sowieso gar nicht haben. Mit seinem Besitz kannst du dir nur einen Haufen Ärger einfangen oder musst viele Formulare ausfüllen. Füttere ihn lieber den Tag über weiter wie bisher und such in der Nähe des Fundortes nach der Höhle der Eltern. Setz ihn abends dort aus und hoffe, dass er überlebt«. Den gleichen Rat gaben die Freunde in Schleswig-Holstein, die dort einen großen Wildpark besitzen, dem eine Auffang- und Auswilderungsstation für allerlei krankes Getier vom Kitz über Störche bis zum Mäusebussard angegliedert ist.

Wir verschoben darum alle geplanten Sonntagsaktivitäten und widmeten uns fast ausschließlich unserem Gast. Am Spätnachmittag konnte man kaum noch von einem Patienten sprechen. Der Vogel knappte, öffnete bereitwillig den Schnabel, wenn man ihm ein Stück rohe Leber vorhielt, nachdem er Niere und Herz bereits verzehrt hatte. Er hatte die Augen nicht nur geöffnet, sondern rollte sie, und zum Zeichen, dass sogar auch seine Halswirbel in Ordnung waren, tat er dem ihn bewundernden Paar den Gefallen, den Kopf um 180 Grad zu drehen, was bekanntlich nur Eulenvögel können.

Wir gewannen ihn in der kurzen Zeit so lieb, dass wir erwogen, ihn aufzuziehen. Wir wussten aber, dass so ein Vogel ja neben rohem Fleisch auch Haut und Federn braucht, um Gewölle zu bilden und dass er im Wald besser aufgehoben sein würde als in unserer Wohnung. So trugen wir ihn in den Garten und stellten fest, dass er durchaus imstande war, aufrecht auf einem Zweig des Walnussbaumes zu sitzen, leicht mit den Flügeln zu schlagen, um das Gleichgewicht zu halten und durch metallisches Knappen sein Wohlbehagen, seinen Hunger oder seine Indignation zum Ausdruck zu bringen. Wer kennt schon die Sprache der Waldkäuze und kann sie deuten?

In der Dämmerung des Juniabends fuhren wir ihn zu der Stelle, wo wir ihn vor nur 22 Stunden gefunden hatten, fanden ganz in der Nähe einen Alleebaum mit einem Loch, das die Kauzhöhle sein mochte, zumal sich am Fuße des Baumes Gewölle und Kot befand. In der Nähe gab es eine Fichte. Dort setzten wir ihn in Mannshöhe nahe am Stamm ab. Zur Sicherheit ließen wir Korb und ein wenig rohe Leber am Fuß des Baumes zurück und verabschiedeten uns mit Zeichen der Trauer und Besorgnis.

Beim Abendessen und später beim Einschlafen ertappten wir uns beide dabei, dass wir immer wieder an unseren Logiergast und sein Schicksal dachten. Wir konnten es kaum verstehen, dass wir ihn in so kurzer Zeit so lieb gewonnen hatten, und dass er uns fehlte.

Am anderen Morgen war die Fichte leer. Keine Feder ließ auf eine mögliche nächtliche Tragödie schließen. Auch die Leber im Korb war unversehrt. Ich hoffe darum, dass meine Aktion von Erfolg gekrönt war.

Vom Maibaum

Mitte Dezember kommt der Anruf: »Hier ist der Brennauer Florian von Haunshofen.« Eine junge Stimme: »Herr Geerschtein. In Haunshofen werd dies Jahr nach drei Jahr wieda a neuer Maibaum aufg'stellt.« »Ja und?« »Mir mechtn nur frogn, ob Sie den Baum spendirn tatn?« Einen Maibaum spendieren. Einfach so. Kann man da überhaupt nein sagen, wenn man so viele Haunshofener seit langem kennt, von ihnen seit 15 Jahren das Fischwasser gepachtet hat, in ihr Bauerntheater geht, sie ab und an auf den Wiesen beim Viehaustreiben, Zäune machen oder Odeln trifft, gelegentlich bei ihnen zum Gottesdienst in die Kirche geht und ganz selten einmal ihre Buben beim Schwarzfischen erwischt? Wahrscheinlich nicht, wenn man das Gesicht nicht entscheidend verlieren will. Aber auf was ich mich da möglicherweise einlasse, das will ich schon wissen. Also: »Was kostet denn Euer Maibaum?« »So umma 500 Mark werd er scho kosten, Herr Geerschtein.« Das sind mehr als mein Honorar für 10 Stunden Vorlesung als Lehrbeauftragter an der FH München, aber auch weniger als mein Tageshonorar als Outplacementberater, im ganzen also noch eine überschaubare Größenordnung. Drum: »Gilt scho, ich

Beim Schlagen des Maibaums

zahl den Maibaum.« Hörbares Aufatmen am anderen Ende der Leitung. »Vergelts Gott«, sagt er noch, der Florian und hängt auf.

Zwischen Weihnachten und Neujahr ruft er wieder an. Am 30.12. soll der Maibaum geschnitten werden. »Mir treffen uns um dreiviertel neune beim Kergl. War schee, wenn's mitgehn taten.« Ist es mit der Einmalzahlung etwa nicht getan? Kommen weitere Verpflichtungen auf mich zu? Aber das Maibaumschneiden will ich mir natürlich auch nicht entgehen lassen. So fahre ich pünktlich um dreiviertel neune beim Kergl in Haunshofen vor, wenn ich auch früh habe aufstehen müssen, um auf den leicht vereisten und überzuckerten Straßen pünktlich am Ziel zu sein. Der Kergl ist schon da und wirft die Wiegsag', eine Elektrosäge, Äxte und Keile auf seinen alten roten Pickup, dem man seine Geländetauglichkeit ansieht. Auch ein Traktor ist schon unter Dampf und mit einer Seilwinde ausgerüstet. Der Florian kommt etwas später, weil er gestern beim Skifahren gewesen ist. Unterm Arm hat er drei Rindenschaber und ebenfalls eine Motorsäge. Drei weitere Burschen gesellen sich auch noch zu uns. Ich bin froh, dass ich rein vorsorglich ein Fässchen Löwenbräu und eine Flasche Pfirsichgeist in letzter Minute in meinen Kofferraum gelegt habe. Mit drei Autos fahren wir schließlich dem Traktor nach, aus Haunshofen hinaus in den Wald vom Gut Unterholz, der jetzt Staatswald geworden ist. Früher, als der Gutsbesitzer Hess noch lebte, hat er den Haunshofenern alle drei Jahre den Maibaum gestiftet. Heute ist der Staat Eigentümer des schönen hochschäftigen Fichtenwaldes geworden und stiftet leider nichts mehr. So komme ich zu meiner unvermuteten Ehre.

An einem Brückerl im Wald stellen wir die Autos ab. Nur der Traktor quält sich noch einen kaum sichtbaren Rückeweg entlang bergauf. Der Kergl hat dem Fahrer genaue Anweisungen gegeben, wo es hingeht. Wir sechs Männer folgen ihm nun durch den leicht angeschneiten Wald, fünf von uns tragen die Werkzeuge, und ich lasse es bei meinem Fotoapparat bewenden. Die Sonne scheint mit breiten Streifen durch den verschneiten Winterwald. Wenn der Wind ein wenig bläst, lösen sich Schneekristalle von den dunkelgrünen Fichtenzweigen und taumeln glitzernd auf unsere Schultern. Gesprochen wird nichts, und ich genieße es still, dabei sein zu dürfen.

An einer nach meinem Gefühl viel zu riesigen schlanken und geraden Fichte macht der Kergl halt. »Der, moan i, passt,« sagt er, zieht eine umfangreiche Schublehre aus dem Rucksack, steckt sie zusammen und misst sorgfältig den Stammesumfang etwa in Kniehöhe über dem Waldboden. »Genau«, murmelt er schließlich zwischen den Zähnen heraus und berechnet mit halb zugekniffenen Augen den möglichen Fallwinkel des Baumes, damit es ihm die Spitze nicht abschlägt. »So geht's«, meint er und »pack ma'n traditionell oder modern?« fragt er in die Runde. »Traditionell« ist die einstimmige Antwort, und nun packen der Florian und der Kergl zu, ziehen in gleichmäßigen langen Strichen das lange Sägeblatt durch die Seite des Baumes, an der er fallen soll. Schon nach 10 Minuten halten sie ein. Die große Axt bekommt Arbeit, mit wuchtigen Schlägen wird eine Kerbe in den Baum bis zur Schnittstelle geschlagen. Der lässt sich sein Schicksal noch nicht merken und steht scheinbar unerschüttert. Dann wird das Sägen auf der anderen Seite fortgesetzt, bis das Sägeblatt steckenbleibt. Mit drei schnell eingeschlagenen roten Eisenkeilen wird dem Blatt wieder Luft gemacht. Weiter frisst sich die Säge in den Stamm, und nun, während der Fotograf noch mit weit offenem Munde darauf wartet, dass der Riese fällt, springen die Burschen schon zur Seite, ein Zittern geht durch die Fichte, sie neigt sich, erst langsam, dann schneller, reißt im Fallen eine kleinere Fichte und eine größere Kiefer um und liegt schließlich schräg in einem Winkel von etwa 45° mit dem Wipfel auf der gefallenen Kiefer. Die Stunde des Traktors ist gekommen. Rückwärts wird er an den gefallenen Baumriesen heranmanövriert. Im Umsehen haben drei Burschen eine Drahtschlinge um das dicke Ende des Baumes geschlungen, gibt der Fahrer des Traktors vorsichtig Gas und schleppt den Baum einen kleinen Meter vorwärts. Da löst sich der Wipfel von der Kiefer, und nun liegt er am Boden, genau da, wo der Kergl ihn hin haben wollte. Der Stamm wird einer genauen Prüfung unterzogen und die Jahresringe werden ausgezählt. Auf 115 Ringe kommen die Zähler. Also ist

Holen des Maibaums

er in den 80er Jahren des vor-vorigen Jahrhunderts ein Bäumchen gewesen, wie seine Ur-Ur-Enkel, die um uns herum aus dem Waldboden sprie-
ßen. Das Königreich Bayern, das Kaiserreich, die Republik, Diktatur,
Demokratie, zwei Weltkriege und zweimal Inflation – viel hat so ein
Baum erlebt und weiß es nicht. Bei allem Wechsel : die Tradition des Mai-
baumschlagens und Aufstellens ist geblieben. Ich muss daran denken,
dass unweit von hier in der kleinen Kirche in Deutenhausen das erste
bekannte Bild eines Maibaums in Bayern zu sehen ist. Es stammt aus dem
Jahre 1733. Wenn man der Festschrift für Deutenhausen Glauben schenken will, gibt es kein früheres Zeugnis.

Nun mag jeder von uns einen Obstler aus meiner Flasche, ehe die
Arbeit weitergeht. Während ich noch in meinen Überlegungen gefangen
bin und die Kamera langsam wieder in Gang setze, fallen die fünf Männer förmlich über den Baum her. Kein Kommando ist nötig, jeder weiß,
was er zu tun hat. In einer starken Stunde ist er entastet, ist die Rinde
geschält und die Spitze so abgeschnitten, dass der ganze Baum etwa 30
Meter lang sein wird. Die gibt er leicht her. Der Kergl hat gut und richtig
gemessen. Die Metamorphose von der Fichte zum werdenden Maibaum
hat sich schnell vollzogen. Mit Hilfe des Traktors und der Seilwinde wird

er nun auf die abgeschnittenen Stammscheiben zum Trocknen gelegt, um im April nach Haunshofen geschafft zu werden. Ich muss mich leider schon verabschieden, weil ich noch eine Verabredung im Dorf habe. Während der Florian mit mir zum Auto zurück geht, erzählt er mir, dass bei jedem Maibaumaufstellen der Aufsteller den nächsten Burschen im Ort bestimmt, der in drei Jahren »verantwortliche Person« sein wird. So ist's der Brauch in Haunshofen, und der ist natürlich nirgendwo festgeschrieben sondern überliefert. Dem Florian gefällt es so, und dass er und seine Freunde Mitglieder bei der Freiwilligen Feuerwehr, dem Burschenverein, der Blaskapelle Haunshofen, dem Trachtenverein und zum Teil auch bei den Ochserern sind, gefällt ihm auch.

Zum Schluss muss er mir versprechen, mich im April auf jeden Fall anzurufen, wenn sie den Baum nach Haunshofen holen. Als er strahlend das Fässchen aus dem Kofferraum in Empfang nimmt, verspricht er es mir in die Hand.

Es braucht sehr viel Erfahrung , Geschick, Kenntnis der notwendigen Werkzeuge und unterschiedliche Maschinen- und Manneskraft, um einen 30 m langen Fichtenstamm etwa dreihundert Meter durch einen buckligen Fichtenhochwald unversehrt auf die nächste geschotterte Forststrasse zu befördern.

Heute, am 31. März habe ich zuschauen und fotografieren können, wie mein mir schon vertrautes Haunshofener Team diese Aufgaben in knapp zwei Stunden bewältigt. Vorangegangen ist dem wieder ein Anruf vom Florian und die Bitte, mich um acht Uhr früh vis-a-vis vom Zach auf dem Hof einzufinden - bei jedem Wetter. Wir haben wieder Glück. Nach dem Dauerregen der letzten Woche fahre ich morgens durch Nebel den Grünbach entlang, freue mich, als schon in Bauerbach der Nebel zerreißt und sehe den Rehen zu, die um diese Zeit von der schon grünenden Wiese in den Fichtenwald ziehen. Als ich mit zwei Spießgesellen aus Haunshofen in Unterholz aus dem Auto steige, scheint die Sonne zwischen die Fichten auf den moosigen Waldboden und bleibt mit ihren Strahlen wie bewundernd am blühenden Seidelbast hängen, der schon mit seinen roten Prachtdolden dem grünen Waldboden seine Farbtupfer aufsetzt.

Eigentlich hatte ich mir vorgestellt, dass die Haunshofener ihren Maibaum ganz traditionell - also nach meiner Meinung mit Pferden oder Ochsen und einem Langwagen einholen würden. Der Florian hatte mir auf Fragen auch bedeutet, dass sie ihn selbstverständlich traditionell holen würden. Traditionell hieß aber mit einem Traktor, der aus dem Jahre 1935 stammt und den stillen Wald alsbald mit gewaltiger Rauch- und Schallentwicklung füllt. Unterstützt wird er von zwei etwa zehn mal so großen Schlepperungetümen, von denen der eine mit einer Seilwinde und der andere mit einer gewaltigen Baggerschaufel ausgerüstet ist. Beide Fahrzeuge werden gebraucht. Das mit der Seilwinde, um den Baum auf die Strasse zu ziehen, das mit der Baggerschaufel, um den Baum auf der Forststrasse auf den Langholzwagen hinter dem kleinen Traktor zu heben. Daneben haben meine Gefährten genug zu tun, um den gewaltigen Baum mit fünf Zaunstempen immer wieder in die richtige Position zu schieben, wenn er sich auf dem schrägen und schmierigen Waldboden nicht so benimmt wie es ihnen nötig erscheint.

Dem vorangegangen war zunächst die Befestigung des Stammes an der Seilwinde, das langsame Anziehen des Seiles, die Bewegung des Baumes über und durch Stämme und Baumstubben im Wald, die der Kergl mit großer Geschicklichkeit auf seinem Traktor ausführt. Schließlich liegt er der Länge nach auf dem Weg. Nun kommt der Schaufelbagger ins Spiel und hebt ihn langsam zuerst auf das hintere und dann auf das vordere Ende der Lafette, an die der kleine Oldtimer-Traktor andockt. Dabei muss mit Muskelkraft gelegentlich gewaltig nachgeholfen werden. Dann wird der Baum sehr sorgfältig festgezurrt, und dann gibt der Oldtimer Gas. In einer gewaltigen Dieselwolke zieht er den schweren Baum schließlich auf der Forststrasse sogar bergan und dann durch Kampberg hindurch auf Haunshofen zu. Da sind schon die ersten Buben auf Mountainbikes und Inlineskates bereit, um ihn zu empfangen und geleiten ihn mit der stolzen Mannschaft zum Pferdehof, wo er nun für die nächsten vier Wochen seine streng bewachte Ruhe finden wird und der Künstler harrt, die ihn rechtzeitig zum ersten Mai verschönern werden. Dass zunächst eine Stärkung mit einem Fässchen Bier für die Mannschaft angebracht ist, ist selbstverständlich.

Am Morgen des 1. Mai ist es dann endlich soweit, und natürlich gehört es sich, dass der Spender dabei ist, wenn der Maibaum aufgestellt wird. Mit dabei ist auch das ganze Dorf Haunshofen und viele Bauern, Bäuerinnen und vor allem Jugend aus den umliegenden Ortschaften, als da sind Bauerbach, Jenhausen, Wielenbach und Diemendorf. Nur aus Magnetsried ist niemand gekommen, weil sie dort selbst ihren Maibaum aufstellen. Acht Gruppen mit je vier bis fünf Burschen schieben und richten den Baum mit der »Schaar«. Die besteht aus zwei langen Stangen, die im oberen Achtel mit groben Seilen locker aneinander gebunden sind, so dass ein Instrument wie eine Schere, eben die Schaar, entsteht, in der der Baum liegt und mit deren Hilfe er aufgerichtet werden kann. Zwei Burschen sorgen mit dem »Stachel« dafür, dass die Scheren am Baum greifen, sich beim Nachrücken nicht verschieben und gleichmäßig den Baum nach oben befördern. Wieder ist es mein Freund Kergl, der heute die Kommandogewalt hat. Laut tönen seine Rufe »Nachfahrn die Dritte, obacht, aufpassen« und vor allem das entscheidende »pack mas wieda, alle miteinand« über den Platz auf der Dorfstraße, die seit halb zehn Uhr von der Feuerwehr für den Durchgangsverkehr gesperrt ist. Auf der Straße und besonders vor der Gaststätte Hälterlein sammelt sich eine immer größere Menschenmenge an und läßt es sich bei Bier, Radler, Limo, Kaffee, Würschtl und Leberkäs in der hellen Maisonne gut gehen. So groß ist der Andrang, dass schon um halb zehn zum erstenmal die Würschtl ausgehen und immer wieder neue Biergartenbänke und Biergartentische geholt werden müssen, damit alle zu ihrem Platz zum Essen und Trinken kommen.

Die Alten schauen sachverständig zu, ob der Kergl seine Sache so gut macht, wie sie seinerzeit. Seinerzeit – das müssen sie aber doch zu bedenken geben, gab es noch keine Eisenschienen in der Erde, an denen der Baum zuletzt festgeschraubt werden kann. Das ist ja fetzeneinfach jetzt, sagen sie, früher mussten die Mädchen aus dem Dorf ein tiefes Loch graben, in dem der Fuß des Maibaums versenkt wurde. Das war schwierig ! Während solcher Beobachtungen und Erzählungen rückt die Spitze des Maibaums mit Hilfe der vier Scheren weiter und weiter der Senkrechten zu. Jedes Mal, wenn der Kergl »Pack mas wieder alle miteinand« über den Platz ruft, knirschen die Seile hörbar unter dem Gewicht des Baumes. Man könnte meinen, man wär' mit einem Hochseesegler auf dem Wasser. Um elf Uhr kommt zum ersten Mal heftiger Beifall auf, als der Baum die endgültige Position erreicht hat und sorgsam festgeschraubt werden kann. Da genehmigen sich die Aufsteller zuerst einmal einen tüchtigen Schluck aus der Flasche, und selbst die Alten geben zu, dass es heuer ein besonders großer und schöner Baum geworden ist.

Als mich der kleine vierjährige Benedict fragt, wie groß er ist, versuche ich ihm klarzumachen, dass man ihn, den Benedict, dreißigmal aufeinander stellen müsste, bis er das Jägerschild an der Spitze berühren kann. Dreißig mal. Das ist für einen Vierjährigen, der gerade seinen ersten Zahn verlieren will, schwierig zu begreifen. Dann aber ist der Maibaum angeschraubt, die künstlerischen Zeichen und das Schild am Baum befestigt. Jetzt kann die lange weißblaue Fahne aufgezogen werden. Da steht die immer noch ständig anwachsende Menge von ihren Bierbänken auf und stimmt in die Bayernhymne ein, die von der Haunshofner Blaskapelle intoniert wird. Nachdem sich alle wieder gesetzt haben, steht nur noch der Brennauer Florian. Er steht sogar auf einem Tisch und hält die Dankesrede ohne zu stocken und ohne Versprecher. Durch einen glücklichen Zufall bin ich später beim eigentlichen Fest an das Manuskript seiner Rede gekommen. Ich möchte es den Lesern meines Büchleins trotzdem vorenthalten, denn es gilt natürlich das gesprochene Wort. Das ist

Maibaumaufstellen in Haunshofen

humorvoll, und jeder Satz sitzt. Sechzehnmal sagt er Dankeschön, der Florian. Das ist ganz wichtig, und ich bin sicher, dass er niemanden vergessen hat. Da kann er sich beruhigt mit seinen Freunden an Schweinsbraten mit Knödeln und am Bier gütlich tun. In meiner Eigenschaft als Stifter bekomme ich sogar ein Gratiszeichen fürs Essen und gleich einige Maß Freibier. Gut, dass die Anemone den Führerschein hat und mich heimfahren kann.

39

Musik im Pfaffenwinkel

Barockkonzert in Vilgertshofen

»Wenn der Wind jagt, soll der Jäger nicht jagen«, lautet ein alter Jäger-spruch. Darum sind wir heute bei heftigem Nordwestwind unter einem wolkenreichen Himmel nicht auf die Jagd gegangen, sondern in den nordwestlichen Teil des Pfaffenwinkels gefahren, den wir noch gar nicht so gut kennen.

Einen schönen Anlass hatten wir zudem: Freunde hatten uns zwei Karten für das dritte Konzert »Musik im Pfaffenwinkel« gegeben. Auf dem Programm standen »Die Vier Jahreszeiten« von Vivaldi und »Salve Regina« von Pergolesi in der Wallfahrtskirche von Vilgertshofen mit dem jungen süddeutschen Kammerorchester. Wir fuhren schon zwei Stunden vor Konzertbeginn in Weilheim ab, weil wir die für uns neue Strecke genießen und vielleicht noch eine schöne Kirche »mitnehmen« wollten. Beides ist gelungen.

Von Weilheim geht's zunächst in Richtung Wessobrunn am Gut Waizakker vorbei. Kaum ein Auto begegnet uns dann noch auf der Fahrt über Zell, durch die scharfe Linkskurve hinauf nach Wessobrunn, durch die grünsatten Wiesen mit den braunweißen Kühen bis hinauf zum Kloster, immer der ausgeschilderten Straße nach Rott nach. Da steht linker Hand kurz hinter Wessobrunn an der Straße die außen ganz unscheinbare Kreuzberg-Kapelle. Sie ist geschlossen, aber ein Hinweis an der Tür verrät uns, dass der Schlüssel am Kiosk in Wessobrunn gegen drei Mark Pfand und den Personalausweis ausgeliehen werden kann. Überdies erfahren wir, dass man durch ein kleines Loch in der Tür schauen kann und dort mit Hilfe eines raffiniert angebrachten Hohlspiegels wenigstens einen Eindruck von der kleinen Barockkirche mit einem Deckengemälde von Matthäus Günther bekommt. Der Eindruck ist vielversprechend. Das nächste Mal werden wir also noch früher losfahren und uns den Schlüssel im Kiosk holen.

Während der nächsten Kilometer sind wir damit beschäftigt, die Landschaft und den Ausblick in die Alpen zur Linken zu genießen, bis wir in Rott endlich einmal eine geöffnete Kirche finden. Die Johanniskirche mit dem zarten Rokokostuck von Johann Michael Merk, der es bis zum Hofstuckateur Friedrichs des Großen gebracht hat, wäre allein schon die Fahrt in diesen Teil des Pfaffenwinkels wert gewesen. Hofstuckateur Friedrichs des Großen, das muss man sich doch auf der Zunge zergehen lassen. Vorstellen muss man sich, wie damals im Barock Hunderte von Handwerkern aus dem Pfaffenwinkel alljährlich in alle Welt gezogen sind - gerufen und gefragt - um ihre Kunst und ihre Kenntnisse Potentaten und Kirchenfürsten zur Verfügung zu stellen. Welche Wirkung ist da aus dem kleinen Pfaffenwinkel hervorgegangen, wie haben die handwerklichen Künste unserer Vorfahren die Kultur Europas bis ins ferne Preußen, ja bis Österreich und sogar bis St. Petersburg beeinflusst.

Die Frauen blieben zurück bei Vieh und Acker und erzogen die Kinder, die im Spätherbst und Winter gezeugt worden waren. Ein schweres Los.

Staunend sitzen wir heute in den alten Kirchenbänken mit den raffinierten Notsitzkonstruktionen und lassen das große Deckengemälde von Johann Baader, dem Lechhansel, auf uns wirken. Da tanzt die verführerische Salome im Rokokokostüm, und das bluttriefende Haupt meines Namenspatrons Johannes wird ihr schauerlich realistisch dargebracht. Das ist nun aber so lange her, dass wir weniger von dem Schrecken über das Geschehen als vielmehr von der Freude über den gelungenen Stuck aus einem Guß, der Feinheit der dargestellten Heiligen, dem ergreifenden Kruzifix und der Frömmigkeit der Maria bewegt werden.

Dann ragt die rotweiße Pracht der Wallfahrtskirche von Vilgertshofen vor uns auf. Hier treffen wir die Freunde. Gemeinsam mit einer großen Schar erwartungsvoll gestimmter Besucher betreten wir die Kirche und finden unseren Platz am rechten Seitenaltar. Es wird still.

Bayerischer Rokoko und Vivaldi! Selten ist mir bewusster gewesen, wie beides zueinander gehört, als nun, da die Klänge des Orchesters, die hinreißenden Soli der 1. Violine, die das Orchester führt und sich wieder von ihm führen lässt, das harmonische Kirchengewölbe hinauf- und hinunterperlen. Die einzelnen Töne umtanzen förmlich den Stuck, laufen an ihm hoch und wieder hinunter. Selbst der kleine Fliegenschnäpper, der vor Beginn des Konzerts ängstlich durchs Kirchenschiff irrte, ist still geworden und verfolgt die Töne vom Hochaltar aus, wo er ein Plätzchen im Stuck gefunden hat. Da ist nicht mehr Zeit für Einzelheiten der Kirche, die wir uns für später aufheben wollen. Da ist nur noch Zeit für Freude und Hingabe, für staunenden Genuß. Der beigegebene Text erleichtert uns - mir jedenfalls, der ja nicht so musikalisch ist - das Verständnis des Werkes:

Frühling
Concerto Nr. 1 E-dur, PV 241

Allegro
Der freudenreiche Frühling ist ins Land gezogen.
Mit fröhlichem Gesang heißen die Vögel ihn willkommen.
Und bei linden Lüften plätschern die Bäche lieblich dahin.
Der Himmel ist mit schwarzem Mantel verhangen,
Blitze und Donner künden ein Unwetter.
Da es wieder still geworden, beginnen die Vögel aufs neue zu singen.

Largo
Und auf blumenreicher Matte schläft,
bei zarten Gewoge der Zweige und Blätter,
der Hirte, den treuen Hund zur Seite.

Allegro
Zu fröhlichen, ländlichen Dudelsakkklängen,
tanzen die Nymphen und Hirten in ihrem geliebten Haine,
wenn der Frühling Einzug hält in all seiner Pracht.

Sommer
Konzert Nr. 2 g-moll, PV 336

Allegro non molto /Allegro
Unter der erbarmungslosen Sommersonne,
ermatten Mensch und Herde.
Die Pinie glüht.
Der Kuckuck erhebt seine Stimme,
und bald fallen Truthahn und Distelfink ein.
Noch weht ein leichtes Lüftlein, doch plötzlich braust ihm der heulende Nordwind entgegen.

Adagio
Und der Hirte weint, da über seinem Haupt der drohende Sturm schwebt und sein Schicksal.

Seine müden Glieder sind der Ruhe beraubt aus Furcht vor Blitz und dem grollenden Donner und den wilden Schwärmen der Fliegen und Hornissen.

Presto
Ach, seine Ängste sind wohl begründet.
Der Himmel droht mit Donner und Blitz, und der Hagel mäht die vollen Ähren.

Herbst
Konzert Nr. 3, F-dur, PV 257

Allegro
Das Landvolk feiert mit Tanz und Gesang der reichen Ernte Freuden. Und vom Nektar des Bacchus berauscht beschließt es sein Fest und schläft.

Adagio molto
Alle hören auf zu singen und zu tanzen, denn die Luft, jetzt milde, gibt Erquickung.
Und die Jahreszeit lädt viele ein, sich des süßen Schlummers zu erfreuen.

Allegro
In der Dämmerung ziehen die Jäger mit Hörnern, Flinten und Hunden aus.
Es flieht das Wild. Sie folgen seinen Fährten.
Erschreckt und verängstigt vom schallenden Lärm der Gewehre und Hunde versucht es verwundet zu entfliehen, doch stirbt es erschöpft.

Winter
Konzert Nr. 4, f-moll, PV 3´442

Allegro non molto
Frierend und zitternd im eisigen Schnee,
in den scharfen Stößen des heulenden Windes,
stapft man Schritt für Schritt,
mit klappernden Zähnen durch die Kälte.

Largo
Glücklich und zufrieden verbringt den Tag man am Feuer,
während der Regen draußen jeden durchweicht.

Allegro
Auf dem Eise geht man mit zögernden Schritten.
Vorsichtig geht man, ängstlich zu fallen.
Wer eilt, gleitet aus und fällt nieder.

Wer eilt, gleitet aus und fällt nieder - wie dankbar muss ich sein, dass ich trotz meines Falls auf dem Eise vor drei Jahren nicht nur diesen Tag, sondern unser Leben im Pfaffenwinkel so gesund und froh genießen kann.

Als wir die Kirche beglückt verlassen, schlägt es halb sechs Uhr nachmittags. Ein Spaziergang ist angesagt. Der Tag ist viel schöner geworden als der Wetterbericht versprach, und er ist viel zu schön, um ihn schon durch die Heimfahrt zu beenden.

In einem Buch über den Pfaffenwinkel hatten wir vormittags gelesen, dass in der Nähe von Rott der »Balkon Oberbayerns« zu finden sei, den wir nun suchen wollen. Wir fahren darum von Vilgertshofen durch Reichling und stellen das Auto nach zwei Kilometern rechts am Waldrand ab, bevor die Straße steil zum Lech hinunter führt. Da leitet uns, nachdem wir die Straße überquert haben, ein schmaler Jägerpfad am Hochufer des Lechs entlang, der immer wieder Ausblicke auf die gewaltigen Stufen des angestauten Lechs unter uns erlaubt. Dort liegen nicht nur der Lech, sondern auch kleine Weiler, Spielzeugbauernhöfe und, von Feldern umgeben, die kleine Ortschaft Apfeldorf, von der noch die Rede sein wird. Vor uns erheben sich die Berge. Allerdings ist die Sicht meist durch hochschäftige Buchen versperrt, und unbegrenzte Sicht gibt es überhaupt nicht. Trotzdem ist der Anblick der Lech-Staustufen, gebettet in grüne Wälder und Wiesen und in kleine Bilderbuchdörfer, den Spaziergang schon wert, wie auch der Blick auf die Berge, die immer wieder zwischen den Bäumen hervorlugen. Einen herrlichen Ausblick haben wir dann, als wir am Ende des Jägersteigs scharf nach links abbiegen, einer Landwirtschaftsstraße folgen und wieder auf Reichling zu und einen Hügel empor steigen. Hier sehen wir nun bis zur Benediktenwand und ganz rechts bis ins Allgäu hinüber. Zart rötlich färben sich die grauen Spitzen der Berge. Sogar das Hörnle mit seiner Abfahrtsschneise können wir erkennen und erahnen, wo Oberammergau liegt.

Dann steigen wir ab, an Heuschrecken und Schachbrettfaltern vorbei zu den Autos und fahren über Rott nach Apfeldorf. Hier müsste man eigentlich den Pfarrhof anschauen, aber wir haben heute schon genug gesehen und gehört; es hungert und dürstet uns gewaltig. Dem kann im »Goldenen Apfel« in Apfeldorf abgeholfen werden. Fast scheue ich mich, den echten Geheimtipp zu Papier zu bringen: Da hängt also ein goldener Apfel als Schild einladend über einem kleinen Gasthaus am Kirchplatz mit einem Gärtchen, in dem noch einmal vier, höchstens fünf Tische Platz haben. An einem sitzen vier Genießer und feiern. Den nächst schönen Tisch suchen wir uns aus, lesen die Speisekarte, lassen uns beraten. Zur Einstimmung spendieren wir uns ein Glas Prosecco, weil der Tag so

schön ist. Dann suchen wir aus und bekommen nach und nach: Tartar von Matjesfilet, fein abgestimmt, gerade mit soviel Zwiebeln und so wenig Sahne, dass beides dem Matjes gut tut und ihn nicht erschlägt. Filetspitzen mit Pfifferlingen, auf den Punkt gekocht, so dass sie knackig und gerade noch richtig mit Biss die feinen, zarten Filetspitzen komplimentieren. Bärbel verdreht die Augen ob ihrer Zucchini-Lasagne, Anemone lobt ihre Ravioli, die mit einer delikaten Kräutersoße daherkommen, und Fritz ist nicht bereit, von seiner rosa gebratenen Entenbrust auch nur ein Stück abzugeben, so gut ist sie angeblich. Ich weiß nicht mehr genau, welche Weine wir Männer dazu getrunken haben. Aber auch bei ihrer Wahl - rosé und rot - wurden wir sachkundig und freundlich beraten. Freilich, in fünf Minuten kann der Koch solche Köstlichkeiten nicht und schon gar nicht auf einmal auf den Tisch zaubern. Aber wir haben ja Zeit, sogar für einen bekömmlichen Nachtisch, zu dem wir hausgemachte rote Grütze und Walnusseis wählen. Das schöne Gedicht von Uhland »Bei einem Wirte wundermild« steht auf der letzten Seite der Speisekarte. Die letzte Strophe allerdings - »Dann frag ich nach der Schuldigkeit, da schüttelt er den Wipfel« - ist, als wir um halb neun gesättigt die Rechnung verlangen, leider nicht in Erfüllung gegangen. Aber solche Wunder kann man eben heute auch nicht mehr verlangen. Dafür gibt's dann eine Führung durchs Haus von der freundlichen Wirtin gratis. Als wir die drei kleinen Gasträume, das Ludwig II.-Zimmer, die Fischerstube und die Apfelstube angeschaut haben - alle behaglich, gemütlich, ohne Protz und überflüssiges Gigi eingerichtet, denken wir, das wäre es, und es wäre eigentlich Grund genug, wiederzukommen. Aber es gibt noch ein Sahnehäubchen auf den Kaffee: Oben zeigt uns die kundige Wirtin drei Doppelzimmer, und das Ah und Oh unserer Frauen zeigt uns, dass wir hier eigentlich bleiben sollten. Wenn man seiner Begleiterin einmal etwas sehr Gutes tun will, sollte man jedenfalls hier eine Nacht, besser zwei, verbringen. Die einzige Schwierigkeit wäre die Qual der Wahl, ob unter dem Baldachin im zartgrünen Apfelbutzenzimmer oder in der ebenso gepflegten Atmosphäre des ganz in Blautönen gehaltenen Apfelzimmers selbst. Dazu gibt's oben noch Kaminzimmer und Aufenthaltsräume, die uns den Entschluss, nun abfahren zu müssen, richtig schwerfallen lassen. Frische Zahnbürsten und Zahncreme hätte sie vorrätig, meint unsere nun ganz vergnügte Führerin, aber das ist uns dann doch nicht genug.
Ob wir unseren Vorsatz, noch einmal mit kleinem Gepäck nach Apfeldorf zu fahren, einmal in die Tat umsetzen ? Während wir heimfahren und die Nacht Berge und Landschaft verschluckt, nehmen wir es uns jedenfalls fest vor.

Nachtrag:

Eine Mäzenin, die von meinem Buch »Liebe zum Pfaffenwinkel« sehr angetan war, lud uns vierzehn Tage später noch einmal zum Abendessen in den Goldenen Apfel ein. Übernachten konnten wir leider wieder nicht, weil eine Radlergruppe alle Zimmer schon belegt hatte, aber wieder wurden wir beim Abendessen angenehm überrascht. Im König Ludwig Zimmer war unter dem Bild des Monarchen in Paradeuniform ein 6er-Tisch augenfreundlich für uns reserviert und festlich eingedeckt. Fischrahmsüppchen mit Pernod hatte noch niemand von uns je gegessen, und sie war bemerkenswert wohlschmeckend, weil der Pernod den Fischgeschmack dezent aber deutlich schmeckbar überlagerte. Die Damen versuchten sich an Edelfischwürfeln in Rieslingssauce mit Gemüserauten und Nudeln. Die Männer hatten es mehr mit handfesterer Kost und bestellten deshalb Schweinemedaillons mit Sommergemüse und Spätzle, vom Geschmack her wieder ganz ausgewogen und, mit feinen Karotten und zarten Böhnchen dazu, nicht zu wenig, sondern eher zu viel.

So blieb auch diesmal fast kein Wunsch übrig, als wir auf schon vertrauten Wegen durch den Abend und die Nacht nach Hause fuhren.

Leider hat das Wirtshaus »Goldener Apfel« das Erscheinen dieses Buches nicht überlebt. Auf unsere wiederholten Anrufe hat sich niemand mehr gemeldet. Vielleicht gibt es aber Nachfolger, die es noch einmal versuchen. Wir möchten gern wieder einmal nach Apfeldorf fahren und so gut essen, wie wir es 1998 erlebt haben.

Kinder musizieren in Pollingsried

Dass ich noch einmal in meinem Leben ein Konzert in einer bayerischen Kirche im Pfaffenwinkel moderieren würde, hätte ich mir früher auch nicht träumen lassen, und doch ist's heute Wahrheit geworden: Wahrheit trotz fehlenden Musikverständnisses, fehlender bayrischer Sprachkenntnisse und fehlenden katholischen Glaubens.

Freilich - die Kirche von und in Pollingsried ist kein großartiges Gottcshaus, sondern eher eine Waldkapelle mit ihren 100 Sitzplätzen, dem buckligen roten Steinboden, dem stets aufwendig geschmückten Hochaltar, dem Bild des Heiligen Georg und noch einmal einem geschnitzten Heiligen Georg und einer einfachen geschnitzten Madonna mit dem Jesuskind. Auch ist der Ausdruck „Konzert" vielleicht zu hoch gegriffen für das Musizieren zweier Jugendgruppen aus Iffeldorf und Eberfing. Natürlich ist das nicht zu vergleichen mit der Krönungsmesse von Mozart, die wir heute vor einer Woche in der St.Vituskirche in Iffeldorf gehört haben. Das war ein gewaltiges musikalisches Erlebnis mit zwei

46

Chören aus Iffeldorf und Wilzhofen und einem Orchester, dem man es kaum anmerkte, dass es fast nur aus Einheimischen bestand. Nur die Solisten waren wohl ausgeliehen, aber sie harmonisierten mit Chor und Orchester ganz vorzüglich. Von den gewissen Schwächen bei den Bläsern, von denen der Merkur am anderen Tag schrieb, habe ich gar nichts bemerkt. Dafür sind mir beim Dona nobis pacem fast die Tränen gekommen. So schön und ergreifend habe ich es noch nie gehört. Das alles, wie gesagt, war vor einer Woche und hat natürlich überhaupt keine Moderation gebraucht, weil die Musik ja für sich gesprochen und selbst moderiert hat.

Aber in Pollingsried heute, beim Spielen der Kinder würde es schon eher einen Moderator brauchen, und weil gerade kein besserer zur Hand war, hat die rührige Frau Hausner als Veranstalterin mich gefragt, ob ich wohl bereit wäre. Sie weiß halt, dass ich ihr nur schwer etwas abschlagen kann, noch dazu, wo sie diesmal meine Frau und mich anschließend zu Kaffee und Kuchen mit den Künstlern eingeladen hat.

Viel Zeit zum Vorbereiten blieb nicht. Um halb zwei Uhr nachmittags sind die beiden Damen, die die Musikschule in Penzberg und den Musikkreis in Eberfing leiten, mit dem PKW zur Vorbesprechung in Pollingsried angereist, haben Noten, Flöten, eine Harfe und das große Hackbrett vom Seppi mit Notenständern vor dem Hochaltar postiert und mir erzählt, welche Stücke sie von ihren Schülern spielen lassen wollten. Frau Scharrer aus Penzberg hatte sich für eine eher modernes Programm entschieden, in dem z.B. „Nobody knows the trouble I have seen", „Green sleeves" und eine Ballade namens „Lady in Black" sowie als Schluss ein Leonhardi-Menuett vorkamen. Das alles sollte mit Querflöte, Harfe und Hackbrett instrumentiert werden. Frau Koller aus Ebersberg dagegen blieb bis auf ein russisches Volkslied und ein Stück von Naudot „Giguet I und Giguet II" mehr dem Barock treu und wollte uns mit Menuetts aus der Zeit und einem Stück von Georg Philipp Telemann „Allegro vivace" erfreuen. Sie hatte dafür zehn Schülerinnen einschließlich zweier eigener Töchter aufgeboten und als Instrumente Sopranflöten, Altflöten und eine Querflöte ausgesucht. Die dritte Gruppe, die vorgesehen war, die Töchter unserer Nachbarin Frau Sappl, hatte kurzfristig abgesagt, weil sie zum Gautrachtenfest mussten.

Was und wie soll man das nun moderieren, wenn man weder die Gruppen noch die Stücke kennt und, wie gesagt, nicht gerade mit großer Musikalität gesegnet ist. Ich habe mir gedacht, dass man zuerst die Gruppen vorstellen muss und dass es wichtig ist, die Kinder zu loben. Dann habe ich dem Publikum, das inzwischen das Kirchlein doch fast ganz gefüllt hatte, und vor allem auch den Kindern hinter mir am Altar von Pollings-

Kinderkonzert in Pollingsried

ried und seiner Geschichte erzählt. Wie mag es vor 120 Jahren, als das Dorf noch bestanden hat, hier ausgesehen haben, wo heute nur noch die Kirche und vier Brunnen im Wald davon erzählen können, wie es einmal war. Keine Wasserleitung zu jedem Hof, das ist einmal klar. Kein Radio, kein Fernsehen, kein Licht, das man einfach an- und ausknipsen kann. Viel Arbeit und keine Zerstreuung wie wir sie heute kennen und haben. Gerade deshalb vielleicht schon damals - Hausmusik.

Den Kindern hat die Vorstellung gefallen, dass sie hier mitten im Wald mit der Tradition der Pollingsrieder weitermachen und sie haben fröhlich und gut, wenn auch verständlicherweise nicht fehlerfrei, mit den ersten Stücken begonnen. Die beiden Lehrerinnen haben erzählt, welches Stück als nächstes kommt und ich habe bei und vor den Spirituals ein wenig von Amerika erzählt, dem vom Stuhl reißenden Gesang der Neger, der Sehnsucht der Sklaven, die immer noch in ihren Liedern nachklingt. So haben wir uns ganz gut verstanden. Zum Schluß, als die Penzberger ihr Leonhardi-Menuett gespielt haben, konnte ich noch etwas vom Heiligen Leonhard und seiner Verehrung in Bayern erzählen. Bei dem russischen Volkslied der Eberfinger ist mir das Russenhaus von Gabriele Münter und Kandinsky in Murnau eingefallen und die Russenhäuser in Obereglfing, die von ehemaligen Auswanderern nach Russland gebaut wurden,

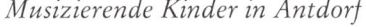

Musizierende Kinder in Antdorf   *Blaskapelle in Antdorf*

die dort zu Wohlstand gekommen waren, später zurückkamen und ihre ehemalige Heimatgemeinde damit reich beschenkt haben.

Die Geschichte des Pfaffenwinkels geht eben doch weit über unsere Grenzen hinaus. Das muss man sich immer wieder einmal klar machen und Kinder und Erwachsene freuen sich darüber hinaus, etwas Neues zu lernen und zu erfahren.

Tüchtig Beifall gibt es zum Schluss für die kleinen Künstler und einen Dank des Moderators an die Eltern, Lehrer und natürlich die Kinder selbst, die freiwillig üben, wenn ihre Altersgenossen am Fernseher sitzen oder spielen. Das tut ihnen gut, ebenso wie die Malbücher von Tieren und von der Jagd, die wir anschließend mit Schokoladenriegeln und Keksen an die Mitwirkenden verteilen.

Dann sperrt Frau Hausner ihre Kirche mit dem großen Eisenschlüssel wieder zu, nachdem sie vorher die Kerzen ausgeblasen hat. Die Alarm-anlage wird eingeschaltet und Frau Scharrer und Frau Koller verspre-chen, im nächsten Jahr mit ihren Kindern wiederzukommen. Wir aber freuen uns vorerst bei Kaffee und Obsttorte beim Tradfranz des gelunge-nen Nachmittags und der fast 100 Mark, die an Spenden zusammenge-kommen sind.

Von den kleinen Freuden
am Wegesrand

Unser Biologieunterricht damals in der Schule in Marquartstein hat die Pflanzenkunde entweder ziemlich vernachlässigt oder ich habe mich zu einseitig auf Ornithologie und meine geliebten Schlangen spezialisiert. Die alerten Schlingnattern vor allem hatten es mir angetan. Die gab es damals in den 40er Jahren in Marquartstein in Mengen. Ihnen sah ich begeistert zu, wenn sie Bergeidechsen und Zauneidechsen fingen, sie umschlangen, erstickten und auffraßen oder sich an den großen Steinmauern an den Wegen und in unserem Garten sonnten. Zischend versuchten sie, mit erhobenem Köpfchen nach mir zu schnappen, wenn ich sie an ihren Lieblingsplätzen aufstöberte, manchmal auch fing, um sie zu vermessen. Es gelang ihnen jedoch fast nie, mich zu beißen, denn ich hatte mich auf das Fangen spezialisiert: Ich griff schnell zu und hielt sie entweder am Schwanz oder mit festem Griff hinter dem Kopf hoch, was Mitschülern und vor allem Mitschülerinnen sehr imponierte. Soviel zur Herpetologie, in der ich mich auskannte.

50

Bauerngarten in Haunshofen

Aber in der Botanik, da haperte es bei mir. Besondere Kenntnis über die Systematik der Pflanzen oder gar spezielles Wissen über die Alpenflora habe ich mir in dieser Zeit nicht erworben. Sicher - zwei oder drei Dutzend der wichtigsten Wiesenblumen - die drei Lichtnelken etwa, den Klappertopf, Frühlings- und Herbstenzian und den Würgeenzian - kannte ich natürlich, aber an besagter Systematik fehlte es, und fehlt es noch heute. Ein Herbarium habe ich nie angelegt, und auf die Idee, Blumen zu zeichnen oder zu malen, bin ich, schon mangels Geschicklichkeit in dieser Kunst, nie gekommen. Leider, muss ich heute sagen. Wenn man einen Gegenstand zeichnen will, muss man sich ja intensiv mit ihm beschäftigen, man muss in Details eindringen und sie sich vergegenwärtigen, muss immer wieder schauen und versuchen zu begreifen, welch vielfältige Wunder die Natur da hervorgebracht hat. Die großen Naturforscher der Vergangenheit waren alle auch sehr gute Zeichner: von Linée und Goethe bis zu Wilhelm von Humboldt und den Gebrüdern Brehm. Auch in unserer Zeit, in der die Fotografie die Zeichnung immer mehr zu verdrängen scheint, gibt es noch viele Naturforscher, die auch bildende Künstler sind oder waren - ich denke z.B. an den »Bienen-Frisch«, an

51

Schwalbenschwanz

Seite 52
oben links: *Karls-Zepter*
oben rechts: *Sumpfgladiole*
unten links: *Gelber Enzian*
unten rechts: *Rotes Waldvögelein*

Seite 53
oben links: *Distelfalter an Orchidee*
oben rechts: *Schachbrettfalter*
unten rechts: *Frauenschuh*

Prof. Hans Krieg und Prof. Wolfgang Engelhardt und seine begabte Frau Irmi - die ich alle gekannt habe oder kenne, auch wenn ich damals noch Schüler, später Student und noch später in ihren Augen »nur« ein Manager gewesen bin. Immerhin - einen kleinen Grundstock in der Kenntnis unserer heimischen Pflanzen habe ich in meiner Jugend doch legen können, und auf ihm kann ich nun auch aufbauen und ihn gelegentlich sogar vertiefen.

Seit ich langsam in das Gewand des beobachtenden Pfaffenwinklers geschlüpft bin, habe ich zunehmend auch Freude am Fotografieren gefunden. Es ist selten, dass man mich bei meinen Spaziergängen draußen ohne die Olympus mit dem Autofocus oder die OM2 mit dem Macro-Objektiv antrifft. Der Trieb des Beutemachens beherrscht mich auch mit der Kamera. Es ist der Drang, seltene Objekte, schöne oder ungewöhnliche Gelegenheiten, Gegenstände oder Tiere bei besonderen Gelegenheiten in besonderem Licht festzuhalten, immer auch in der Spannung und Erwartung, was wohl nach dem Entwickeln von der ursprünglichen Beute übriggeblieben ist. Manchmal, wenn man sehr viel Glück hat, wird das Bild ja sogar schöner, oder es erzählt mehr als damals, als es geschossen wurde. Der Vorteil beim Fotografieren von Blumen ist nun, dass sie einem nicht weglaufen oder wegfliegen wie die Tiere, sondern dass man, sogar mit einiger Sicherheit, wenn man die Fundorte und die Zeit des Findens genau notiert hat, voraussagen kann, was man mit ziemlicher Wahrscheinlichkeit wann wo finden wird. Eine Menge von Stand- oder Fundorten für botanische Kostbarkeiten sind mir im Laufe der Zeit zugewachsen.

Im frühen Frühjahr fängt es an, wenn wir auf unseren Wanderungen überall die ersten Schneeglöckchen , Märzenbecher, den gelben Huflattich und die weißen und roten Blüten der Pestwurz und die Büsche mit dem rosa Seidelbast entdecken. Es folgt die echte und die unechte Schlüsselblume, die rote, zarte Mehlprimel und mindestens zwei verschiedene Arten vom Enzian, der Frühlingsenzian und der Lungenenzian. Um diese Zeit riecht man an den Bächen den Bärlauch, findet und pflückt ihn natürlich, und Anemone verarbeitet ihn zu köstlichen Suppen. Man muss nicht unbedingt in den Pfaffenwinkel fahren, um das alles zu erleben. Wenn aber das Jahr ein wenig fortgeschritten ist und die Zeit der Orchideen herankommt, dann ist der wahre Blumen- und Orchideenfreund dem Pfaffenwinkel verhaftet. Und da heißt es dann schauen, suchen, finden: die richtige Jahreszeit, den richtigen Platz, die richtige Uhrzeit. Wunder über Wunder tun sich auf für den, der einen Blick für sie hat. Ein Spaziergang durch die Hardtwiesen im April, Mai und Juni kann jeden Tag neue zutage bringen. Immer noch bin ich leider unfähig, die vielen verschiedenen Knabenkräuter ohne Buch richtig zu bestimmen. Das Große Knabenkraut – gut an den großen gefleckten Blättern zu erkennen - blüht erst im Mai, wenn die kleine orchis morio schon welk ist. Welche Pracht sitzt da Blüte an Blüte am hohen grünen Stengel! Herr Loth aus Weilheim kennt sogar die Hybriden, die Kreuzungen der Knabenkräuter untereinander; er macht mich jedes Mal, wenn ich ihn und seine Frau in der Hardt treffe, auf neue Wunder aufmerksam. Er hat mir auch die drei Wiesen in der Umgebung gezeigt, wo später im Jahr die Insekten-Ragwurze blühen, vor allem die Fliegen-Ragwurz und die Bienen-Ragwurz. So einen Blütenkelch wie den der Fliegenorchidee mit dem gelappten dunkelvioletten Blatt und den beiden hellen Punkten darauf möchte ich gern zeichnen können. Fast noch prächtiger und seltener ist die Bienenragwurz mit dem dicken braun-weiß gestreiften Körper. Die Spinnenragwurz habe ich noch nicht gefunden. Die Brandorchis gibt es in den Hardtwiesen nicht, wie mir Herr Loth verraten hat. Dafür das weiße und das rote Waldvögelein mit den unendlich feinen, Vogelkopf und Vogelschnabel ähnelnden Blüten und die weiße Waldhyazinthe. Und, aber natürlich sage ich nicht wo, den Frauenschuh, unsere prächtigste Orchidee mit dem dicken gelben Bauch und den gedrehten braunen spiraligen Blättern darüber. Die Hausnerin hat sie im letzten Jahr an einem Platz wieder entdeckt, an dem, wie sie sich genau erinnert, vor vierzig Jahren diese Orchidee schon einmal geblüht hat, doch dann nie wieder.

Es muss eben alles zusammenpassen. Der Frauenschuh braucht zum Gedeihen nicht nur Klima und Anlage sondern auch einen Pilz im Boden, auf dem er wächst. Das war eine Freude, als nach gemeinsamen Marsch durch das Unterholz im Jungbuchenwald plötzlich sieben der wunderbaren Pflanzen vor uns im Licht der Nachmittagssonne leuchteten. Im nächsten Jahr waren es schon neun!

Noch eine ganz seltene Pflanze im Pfaffenwinkel weiß ich: Es ist das Karlszepter, das im Moor an der Ettaler Mühle wächst. Ein Orchideenfreund, den wir in der Hardt trafen, erzählte uns von dieser Pflanze und pries sie in den höchsten Tönen. In unseren gängigen Botanikbüchern haben wir sie nicht einmal gefunden. Am nächsten möglichen Wochenende fuhren wir ins Ettaler Moos, das damals halb unter Wasser stand und spähten nach einer Pflanze aus, die wir noch nie gesehen hatten. In der Mitte einer besonders überschwemmten Wiese auf einer kleinen Höhe, die nicht unter Wasser stand, wuchs so etwas. Und als wir begeistert ohne Rücksicht auf nasse Füße vom Wege ab- und näher herankamen, sahen wir sie genau und wussten irgendwie sofort, dass das nur das gewünschte Zepter sein konnte. Bis zu 40 cm groß, mit oben roten und unten gelblichen halb kleinfingerlangen Blüten, die ähren- oder rispenartig um einen grünen Schaft angelegt waren. Ich bekomme noch heute ein Gänsehaut, wenn ich an unser Entdeckerglück denke.

Auch den hochschäftigen gelben Enzian, den wohl der gewaltige Eiszeitgletscher im Pfaffenwinkel zurückgelassen hat, haben wir inzwischen an drei verschiedenen Standorten entdeckt. Man kann lange vor ihm sitzen und zuschauen, wie ihn die Bienen und Hummeln besuchen, denen er seine Blüten bereitwillig öffnet. In der Nähe seines Standortes wächst übrigens auch die immer so fremdartig aussehende Türkenbundlilie mit der langen, fast einen halben Meter in den Boden reichenden Wurzel. Das wissen wir nicht, weil wir sie ausgegraben haben, sondern vom Görge, der das in seinem Grundstück, wo ein ganzes Meer von Türkenbund stand, im Herbst für uns besorgt hat. Seitdem blühen zwei Türkenbunde auch in unserem Garten.

Im Juli endlich, wenn die größte Wiesenblumenpracht langsam, ganz langsam vergeht und ein nachdenklicher Mensch schon an den Herbst denken mag, öffnen sich zwei Wiesen in der Nähe der Hardtkapelle noch einmal zu einem rosa Crescendo. Dann blüht nämlich während zweier Wochen in verschwenderischer Fülle dort - und nur dort - die Sumpfgladiole und überzieht die Wiesen mit zartem roten oder rosaroten Schmelz. Da sollte man früh aufstehen. Denn diese Blüten mit in der Morgensonne glänzenden Tautropfen darauf gehören zum Zartesten und Schönsten, was die Natur im Pfaffenwinkel ihren Pilgern zu schenken vermag. Auf der Hardt mischen sich die Blüten noch mit den bizarren, weißlichen Blüten der Sumpfstendelwurz, gelber Arnika und letzten Margariten.

Um diese Jahreszeit mache ich auch gern Fotojagd auf die Tagfalter. Das ist schöner und schwieriger, als sie mit dem Schmetterlingsnetz zu fangen und in Kästen aufzuspießen, wie es Naturforscher früher gern getan haben. Das Tagpfauenauge, der große und der kleine Fuchs, der Trauermantel, der Admiral, der C-Falter, das Schachbrett und der große Perlmuttfalter sind mit ein bisschen Glück täglich zu treffen. Um allerdings den flinken, gelb-schwarzen Schwalbenschwanz mit der Kamera zu erhaschen, braucht es Geduld. Irgend etwas aber fliegt immer vorbei, besucht die Blumen in der Hardt oder auf den kleinen Plätzen im Wald, die mir Herr Loth, die Frau Hausner, der Briefträger von Seeshaupt und andere Liebhaber inzwischen verraten haben. Ein paar Plätze haben meine Frau und ich freilich auch selbst gefunden. Dort beobachten wir das Blutströpfchen oder gar einen Vertreter der Schwärmer, die uns die Kolibris ersetzen, wenn sie wie winzige Hubschrauber im Flug den Nektar aus tiefen Kelchen saugen. Mit sehr viel Glück sieht man dann auf dem sonnigen Hang auch noch einmal eine Bergeidechse, die ein Sonnenbad nimmt. Schlingnattern gibt es nicht oder nicht mehr auf unseren Wiesen, und die Kreuzotter ist selbst in ihrem Schutzgebiet an der Hardt so selten geworden, dass ich sie kaum mehr als ein halbes Dutzend mal angetroffen habe. Immerhin - es gibt sie noch, wie so viele andere Wunder in unserem Land: zum Beispiel das feine, zerbrechliche Hemd einer Ringelnatter, die ich nur einmal bei ihrem Liebesspiel angetroffen und fotografiert habe.

Und noch ein Wunder gab es, das ich nicht verschweigen will: Vor fünf Jahren hat ein ganz kleiner »Verein der Orchideenfreunde« in München »meinen« Bauern Theo gebeten, ihm ein kleines, vielleicht einen halben Hektar großes Wiesenstück zu verpachten, auf dem früher einmal Orchideen wuchsen. Das hat der Theo zu einem Freundschaftspreis getan, und die Vereinsmitglieder haben zunächst ein paar Fichten ausgerissen, die auf der Wiese ohnehin ein klägliches Dasein fristeten. Dann haben sie im Herbst das gelbe Gras abgemäht und sich zurückgezogen. Schon ein Jahr später meldeten sich die ersten Orchideen zurück, und nun ist es von März bis September eine Freude zu sehen, was dort noch alles im Boden steckt und wieder Fuß fasst. Neun verschiedene Orchideenarten, die ich mir nicht alle merken kann, zählen die kundigen Vereinsmitglieder. Die Zahl der sonstigen Wiesenblumen, die durch diese Eigeninitiative wiedergekommen sind, können sie ebenso wenig schätzen wie die der Kleinlebewesen, die eine neue Heimstatt finden, Jungvögel mit dem nötigen Eiweißfutter versorgen und damit helfen, dass die Natur wenigstens hier wieder ein bisschen ins Lot kommt. Man muss die Natur nur in Ruhe lassen, lediglich den Fleck einmal im Jahr sorgsam mit der Hand mähen, damit die kleine Oase nicht versteppt und weiterhin die kleinen Freuden am Wegesrand hervorbringen kann.

Der Moorweiher

Von allen Sportarten, die ich einmal gelernt habe und noch ausübe, sind mir Schwimmen, Radfahren und Langlaufen am liebsten. Früher kam noch Windsurfen dazu, aber man braucht viel Kraft, um das Segel aus dem Wasser zu ziehen oder über dem Wasser zu halten. Man ist auf den Wind angewiesen, der nicht immer weht, und wenn er zu stark weht, fällt man zu oft ins Wasser und kühlt aus. Schwimmen aber kann man mit und ohne Wind, wenn das Wasser warm genug ist. Seitdem ich schwimmen kann, bin ich immer viel lieber in Flüssen und Seen geschwommen als in einem Schwimmbad. So ein Fluss oder See trägt dich ganz anders, gibt dir Zeit nachzudenken, zu begreifen, dass das Wasser ein Element ist - und was für eines.

Weit ist der Bogen meiner Erlebnisse und Erinnerungen mit Flüssen und Seen gespannt, geht vom Wössener See bei Unterwössen im Chiemgau in frühester Jugend bis zum Chiemsee, den wir von Marquartstein aus mit dem Radl erkundet haben. Die gewaltige Schleife, die die meist eiskalte Tiroler Ache vor dem Wasserfall und dem kleinen E-Werk in Marquartstein machte, war ein nicht ungefährlicher Platz zum Schwimmen. Uns Buben galt sie, gleich vor unserer Behausung im Schöneck gelegen, bei Tag und bei Nacht im Sommer als willkommene leichte Erfri-

58

schung und Mutprobe, wie nahe einer sich traute, an den Wasserfall heranzuschwimmen. Natürlich war uns das streng verboten worden, aber wen schert das schon, wenn die Gelegenheit lockt und vielleicht noch eine bewundernde Freundin am Ufer steht.

Später konnte ich auf Urlaubsfahrten mit den Eltern vor allem den warmen Wörthersee in Österreich kennenlernen und bald die großen Osterseen vor der Haustür. Wie gut begann dort jeder Tag in der Lauterbacher Mühle am See mit dem Pfiff des Vaters unter dem Schlafzimmerfenster und dem gemeinsamen Weg auf schmalem Pfad zum See hinunter - vor dem Frühstück und bei jedem Wetter. Die Gewohnheit des Schwimmens gleich nach dem Aufstehen und vor dem Frühstück habe ich seither beibehalten. Das ist die schönste und erholsamste Art, einen Tag zu beginnen.

Nach dem Studium in Würzburg, wo wir im Main schwammen und manche Nacht voll des köstlichen Frankenweins von den Waschschiffen aus Kühlung im Main für unsere heißen Köpfe suchten, fand ich fast 20 Jahre lang zum Wochenende Heimstatt und Bleibe in Seeshaupt im schon beschriebenen gelben Haus mit eigenem Badesteg. Dort wohnen zu dürfen, war wie die Erfüllung eines Kindertraumes. Vier bis sechs Monate dauerte die Badesaison in Bayern, freilich nicht ununterbrochen. Im Mai kann der See rasch wieder unter 16° abkühlen, und im September ebenso.

Dass es noch eine Steigerung dieser Badefreuden geben kann, weiß ich seit fünf Jahren, seit wir unsere neue Wochenendbleibe auf einem Bauernhof gefunden haben. Von dort aus geht man in sieben Minuten durch den Hof und dann einen Wiesenhang hinunter zum Wasser. Ein Moorsee ist »unser« Weiher. Hochstämmige Fichten und Buchen säumen ihn ein. Im Unterwuchs findet sich Esche, Holler, Haselnuss, und die Fischer, die ihn gepachtet haben, haben ihr Wasser gut besetzt. Das wissen auch die beiden Graureiher, die wir bisweilen morgens beim Frühstück stören, worauf sie mit heiserem Ruf abstreichen. Es bleiben trotz ihrer Raubzüge genug Fische übrig, hauptsächlich Karpfen, Schleien und Regenbogenforellen. Man sieht und hört sie an schönen Tagen nach Insekten schnappen und wie vor Freude aus dem Wasser springen, einfach weil der See so schön ist. Viele andere Tiere wissen das auch. Die scheue Ringelnatter, die wir gelegentlich auf unserem schmalen Steg beim Sonnenbad überraschen, ist nur eines davon. Sie ernährt sich von den Fröschen, die abends und morgens singen, wenn wir zum Baden gehen und gelegentlich mit lautem Plumpsen ins Wasser hüpfen, wenn wir ihnen zu nahe gekommen sind. Der melodische, klagende, weithin hallende Ruf des Schwarzspechtes gehört ebenso zum Weiher wie die Libellen, Mücken und Schnaken, wie das Gelächter des Grünspechts und das Schimpfen der Eichhörn-

Unser Weiher im Sommer

chen, die im August beginnen, die Haselnüsse abzuernten, ehe die Menschen ihnen zuvorkommen. Man kann nicht sagen, dass sich die beiden Rehe, die oft vor dem Wald auf der Wiese äsen, schon ganz an den Anblick zweier Gestalten in weißen Bademänteln gewöhnt haben, wenn sie zwischen ½7 und 7 Uhr zum Wasser ziehen. Aber sie springen doch eher gemütlich ab, und wenn wir nach einer kleinen halben Stunde zurückwandern, sind sie gelegentlich schon wieder auf die Wiese zurükkgekehrt.

Ein unvergleichliches, einziges Vergnügen ist unser Gang zum Wasser und das anschließende Bad im See in der Stille und Einsamkeit des frühen Morgens. Die Füße und Beine sind schon nass und kalt vom kühlen Tau und natürlich schaudert es uns zunächst vor Kälte, ehe wir ganz in den See eintauchen. Aber dann - dann schwimmt es sich unbekümmert und frohgemut dahin auf die ersten Sonnenstrahlen im Wasser zu, die die Luft über dem See in weiße Nebelfetzen verwandeln. Nach dem Schwimmen laufen wir barfuss durch die taunasse Wiese zurück, freuen uns aufs Frühstück und den neuen Tag, der vor uns liegt.

Wie groß der Weiher ist? Ich weiß es nicht so genau. Ein oder zweimal im Jahr, wenn das Wasser schön warm ist, packt es mich plötzlich, und ich schwimme zum anderen Ufer hinüber und zurück. Danach bin ich besonders vergnügt, weil es trotz Herzinfarkt und Kunsthüfte immer noch so reibungslos gelingt. In der Mitte des Wassers lege ich mich auf den Rücken und schaue mich einfach um. Ich brauche etwa 450 Schwimmstöße oder knappe 20 Minuten, um den Weiher einmal zu durchqueren.

Jeder Morgen bringt uns ein anderes Erleben, wenn wir zum Schwimmen gehen. Im Mai, ganz selten schon Ende April, begleitet uns der Gesang und der Morgenschlag von Drossel, Zilp-Zalp, Buchfink, Mönchsgrasmücke und Gartenrotschwanz. Bald kommen die Schwalben hinzu. Wenn die Frühlingsblumen verblüht sind, laichen am Ufer die Karpfen mit laut vernehmlichem Klatschen. Im August ziehen gelegentlich Gänse am Horizont und füllen die Luft mit ihren sehnsuchtsvollen Rufen. Da ist dann das Herz schon voll von Natur, voll vom einsam und doch nicht allein sein, eingebettet sein in den Kreislauf des Lebens um uns herum. Wenn uns dann das braune Moorwasser umschmeichelt, wir uns durch die paar Schlingpflanzen am Ufer bewegt haben und Tiefe gewinnen, steigt jeden Morgen ein großes Glücksgefühl in uns auf, während wir Kurs auf die gelben Seerosen am anderen Ufer nehmen. Ab und zu fliegt so früh schon ein Heißluftballon oder ein Flugzeug über uns hinweg. Das sind die einzigen Anzeichen menschlichen Lebens, die wir sehen.

Arme Menschen im Flugzeug, die wir nicht beneiden, sondern eher bedauern, weil sie hoch oben in der Luft ihren Geschäften oder ihren vermeintlichen Freuden nachgehen, während es auf der Erde so schön ist.

Vom Wandern und Radeln im Pfaffenwinkel

Radfahren und Wandern sind, ich sagte es schon, in den vergangenen sieben Jahren, in denen sich der Pfaffenwinkel uns mehr und mehr erschließt, eine vergnügliche und erholsame Beschäftigung an den Wochenenden und im Urlaub geworden. Sie ist nicht nur gut für Herz, Kreislauf und Muskulatur. Sie schärft auch den Blick für die Schönheit der Landschaft, ihrer Kirchen, Wälder und Hochmoore, ihrer Berge, Seen, Flüsse und Bäche. Begegnungen mit Menschen kommen hinzu, mit Bauern und Bäuerinnen, Mesnern und Mesnerinnen, die uns ihre Kirchen aufschließen und uns von ihnen erzählen. Auch mit Wirtinnen und Wirten und ihren Helfern, die uns unterwegs verköstigen, kommen wir gern ins Gespräch.

Begegnungen mit Menschen: Reiter im Murnauer Moos

Seit ich vor sieben Jahren damit begonnen habe, alle Jahre zu Weihnachten ein Büchlein mit ein bis zwei Dutzend besonders erlebnisreicher Wanderungen privat herauszubringen und an Freunde oder Bekannte zu verschenken oder gegen Naturalien abzugeben, hat sich zur Freude über die Bewegung und das Erleben die Freude am Beschreiben gesellt. Wer etwas beschreiben will, muss ja zuerst einmal genauer hinschauen, sich den Gegenstand der Beschreibung verinnerlichen. Das gelingt manchmal gut, manchmal weniger gut.

Weil unsere Wanderungen zu Fuß und per Radl ein so wichtiger Teil unseres Lebens im Pfaffenwinkel geworden sind, habe ich hier einige aus meinen Wanderbüchern herausgegriffen, die uns besonders gut gefallen haben. Ein Wanderführer mit 25 Radltouren und Wanderungen wird noch in diesem Jahr erscheinen.

Von Bernried über den Auweiher zum Karpfenwinkel und zurück in die Hofmarkskirche

Als ich am Donnerstag spätnachmittags vom Büro kommend ausnahmsweise mit dem Zug von München nach Seeshaupt fuhr, sah ich mitten im Wald kurz vor Bernried auf der linken Seite einen kleinen See im Licht der späten Nachmittagssonne. So romantisch war der Anblick, dass ich mir gleich vorgenommen habe: Da müssen wir hin. Auf der Kompasskarte Nr. 0180 war er leicht gefunden, und am Sonnabend sind wir aufgebrochen, um ihn näher anzuschauen.

Wenn man von Tutzing kommt und Bernried schon zu fast dreiviertel durchfahren hat, biegt an der Anhöhe rechts von der Straße nach Seeshaupt eine kleine Straße nach Bauerbach ab. Ihr sind wir nachgefahren und haben den Wagen noch im Ortsbereich Bernried bei erster Gelegenheit links in der Karwendelstraße abgestellt. Vis-à-vis nämlich beginnt der Höhenriederweg, eine für Autos gesperrte Landwirtschaftsstraße, die den Wanderer gleich durch ihre Schönheit für sich einnimmt. Sie führt zunächst an bizarren, mächtigen Eichen und dann an ganz alten Birken vorbei, die das Efeu zum Teil schon fast erdrückt. Von diesem Weg aus hat man zudem einen besonders schönen Blick auf den Starnberger See zur Rechten und den Kirchturm der Klosterkirchen von Bernried. Wo die Häuser zur Linken aufhören, ist gleich ein kleiner Weiher, der Hausstattweiher, an dem entlang sich der Weg hinein in den Wald schlängelt. Ob man hier im Sommer auch baden kann? Einen kleinen Steg haben die Leute am Ufer errichtet, aber wohl mehr für die Fischer. Wir folgen weiter dem Hauptweg, der nun einen scharfen Bogen nach rechts macht, und kommen so auf eine gewaltige Schonung, die wohl dem Sturm Wiebke zu danken ist. Schlüsselblumen blühen uns am Weg; unverzagt trotzen sie dem Märzschnee, der heute Nacht gefallen ist, und heben die gelben Köpfe mutig über die schmelzende weiße Pracht. Auch die Blätter der roten Pestwurz trotzen dem Schnee und schauen voller Hoffnung nach oben.

Als wir aus dem Hochwald auf die Rennerwiese kommen, sehen wir 100 Meter vor uns die Tutzinger Straße und wandern nun links von ihr am Waldrand entlang, durch das Untere Filz an einem Stadl zur Linken vorbei, bis wir wieder im Walde sind. Nach cirka einem Kilometer kommen wir ans Nordufer des Auweihers. Der See ist wirklich so schön, wie er vom Zug aus gewirkt hat. Wir sind allein, und dass wir heute wohl seine ersten Besucher sind, beweisen die beiden Graureiher, die sich bei unserer Ankunft schwerfällig erheben und nach Süden fliegen. Hoffentlich nicht zu meinem Fischwasser, dem Grünbach, um meine Forellen zu fressen! Zwei Pärchen balzender Tafelenten lassen sie zurück. Am Ufer blüht rötlich der Seidelbast. Eine ehemalige Schutzhütte für Waldarbeiter hat der Forst hier auch gleich für Spaziergänger und Badegäste im Sommer stehen lassen, geschickterweise ohne Tür, so dass man sie nicht aufbrechen müßte, wenn man Schutz vor Unwetter sucht. Wir brauchen sie nicht aufzusuchen, weil eben wieder die Sonne durch die Wolken kommt und den See noch verzauberter und verwunschener ausschauen läßt. Hier sollte man im Sommer einmal zum Baden hinwandern!

Gleich hinter dem See kommen wir an eine etwas breitere Forststraße, auf der wir nach rechts wandern, an dem mäandernden Rötlbach entlang auf ein ganz ungewöhnliches Liebespaar zu: Ein gestandener Ahorn umarmt da eine mächtige Fichte. Am Ursprung wirken sie wie ein Baum, nur mit verschiedener Rindenstruktur, erst oben gehen sie auseinander, versuchen die Ahornzweige und Äste vergeblich nach denen der Fichte zu greifen, die längst über sie hinausgewachsen ist. Schade, dass wir den Max nicht dabei haben, der so etwas zeichnen könnte. Mit dem Fotoapparat wird das Bild wohl nicht so werden, aber wir versuchen es trotzdem.

Aus dem Walde wieder heraus, laufen wir nun immer am Waldrand entlang auf die Tutzinger Straße zu, die wir überqueren, um auf den Wanderweg mit der Markierung X 4 zu gelangen.

Er führt durch das Naturschutzgebiet Karpfenwinkel hindurch auf die Herz-Klinik Höhenried zu. Abgesehen vom Lärm der Autos zur Rechten ein schöner Weg, der uns heute, da die Bäume noch nicht belaubt sind, erlaubt, in Muße zu betrachten, wie idyllisch die Klinik links von uns liegt und wie riesig das Areal ist, das den Patienten und dem Personal zur Verfügung steht. Früher gehörte alles dies zum Park der legendären Miss Woods-Busch, die das ganze Areal später dem Dorf Bernried vermacht hat. Im Jahr 2001 ist dort das Museum der Phantasie des Sammlers Buchheim eröffnet worden. Wie es dazu gekommen ist, ist eine Geschichte, die ich später einmal erzählen will.

Am Pförtnerhäuschen der Klinik und am eindrucksvollen Neubau des Museums vorbei führt der Weg, der nun wieder König Ludwig-Rundweg heißt, von der Straße fort zum Starnberger See hinunter. Am Hotel Marina geht er vorbei. Heute hat erst ein einziger unermüdlicher Sportler Segel gesetzt, und so sind wir immer noch allein. Auch diese Wegstrecke ist besonders schön, weil man so dicht am See mit seinen Blesshühnern, Stockenten und Höckerschwänen vorbei wandern kann. Vor vier oder sechs Wochen hätten wir über den ganzen See bis nach Ambach laufen können, so dick war heuer das Eis.

Zur Rechten hat man nun die Klostermauer, zur Linken den Dampfersteg, dann wieder die Seekapelle mit dem Abbild der weinenden Mutter-

gottes, und nach dem Ende der Mauer des Klosters geht es eine Holz-
treppe hinauf auf die kleine Pfarrkirche Mariä Himmelfahrt zu, die der
krönende Abschluß dieser Wanderung wird. Früher nannte man sie auch
Hofmarkskirche, Gottesacker- oder Friedhofskirche, weil man eben, wie
ja so oft in Bayern, mitten durch den Friedhof gehen muss, um hinein zu
kommen. Wir haben heute Glück, denn sie ist geöffnet. Trotz der Pas-
sionszeit sind die Altäre nicht verhängt, und wir sind ihre einzigen Besucher. So können wir die Atmosphäre in Ruhe und mit viel Freude auf uns
wirken lassen.

Wenige Kirchen in Bayern gibt es, die so anrührend sind wie diese. Ich
denke, es liegt daran, dass einfach alles in dieser Kirche »stimmt« und eine
Harmonie ausatmet, die sich dem Besucher sofort mitteilt. Hier gibt es
nicht das alles überstrahlende, von dem ganz großen Künstler geschaffe-
ne Bild oder eine figürliche Darstellung, die alles andere in den Schatten
stellt. Hier spricht alles mit gleicher Intensität zu uns, lässt uns die Freude der bekannten und unbekannten Künstler am Handwerk an sich und
an der künstlerischen Gestaltung und Umsetzung ihres Glaubens im
Werk erahnen.

Wenn überhaupt etwas dominiert, so sind es die vielfältigen Darstellungen der Mutter Gottes. Wir sehen sie mit dem Kind auf der Kanzel
dargestellt und als Rosenkranzmadonna aus dem 16. Jahrhundert hoch
oben am Eingang zum Altarraum. Wir finden sie auch in der Himmel-
fahrts-Darstellung Kirzingers auf dem Altar. Vor der Gottesmutter knien
hoch oben auf der Empore an der Westwand der Kirche in Bildern aus
dem Jahr 1772 zum hundertsten Jubiläum der Kirche auf der einen Seite
die Augustiner Chorherren; sie beten

>>Vor allem tut der geistlich Stand
zu Dir flehen,
so tut dann diese hilfreich Hand
vom selben nit abziehen «

Auf der anderen Seite bitten die Einwohner von Bernried zu Maria:

>>Bernried, du hast schon 100 Jahr
Maria Hilf erfahren.
Gut Herz sie wird noch immerdar
vor Unheil dich bewahren«.

Bewegt stehen wir schließlich vor dem gotischen Gnadenbild der Maria
im Mittelpunkt des Altars in der Gruftkapelle, links neben dem Altar des
Kirchleins. Sie stammt von einem unbekannten Künstler Ende des 14.
Jahrhunderts. Mit schräg gehaltenem, überdimensioniert großem Kopf

Madonna in der Hofmarkskirche in Bernried

schaut sie voll verhaltenem Schmerz auf den viel kleineren Körper des Leichnams ihres Sohnes herab, dessen linke Hand und linker Unterarm ungelenk über der Hand der Mutter liegen. Gerade durch die scheinbar starre Haltung beider Figuren erfahren sie soviel Leben, Ausdruck und Anteilnahme. Es fällt mir ganz leicht, von hier den Sprung zu Käthe Kolbe oder Barlach zu machen.

Aber das ist beileibe nicht alles, was das Kirchlein zu bieten hat. Außer den zwölf Aposteln finden wir zehn Heilige dargestellt: von Joachim und Anna, den Eltern Marias, bis zu Johannes dem Täufer, den Bauernheiligen Isidor mit dem Dreschflegel und Notburga von Rattenberg, denen man es förmlich ansieht, dass sie hier aus dem Oberland stammen. Der Heilige Georg lässt sich von den Festheiligen Sebastian und Rochus sekundieren, während die beiden früheren Päpste Gregor der Große und der Heilige Augustin die Kanzel zieren. So fehlen eigentlich nur St. Florian und St. Leonhard, aber die kann man notfalls ja auch in der Klosterkirche St. Martin gleich gegenüber um Beistand bitten.

Während wir dem aufschlussreichen Kirchenführer »Bernried am Starnberger See« folgen und ein wenig fotografieren, kommt die Sonne nun endgültig heraus und wirft Licht und Schatten auf die Heiligen und die Apostel.

Wir gehen schließlich beschwingt aus der Kirche und am Haus mit Schaufenster der Werkstatt des Holzschnitzers Lidl vorbei, der auch ein sehr tüchtiger Gamsbartbinder ist. Zu mir hat er einmal gesagt: »Wenn ich mit meiner Schnitzerei gar nicht weiterkomme, muss ich nur nebenan in die Kirche schauen, dann fällt mir gleich wieder was ein.« Das merkt man seinen Schnitzereien auch an. Schön, dass die Kunst im Pfaffenwinkel nicht ausgestorben ist.

Unter solchen Gedanken gehen wir hinauf, überqueren die Tutzinger Straße und sind nach knapp drei Stunden wieder am Auto. Wenn wir uns am See, bei der Umarmung der Bäume und in der Kirche nicht so lange aufgehalten hätten, wäre der Weg vielleicht auch in 2½ Stunden zu machen gewesen. Aber wir wollen ja auf unseren Wanderungen schließlich etwas erleben und keine Rekorde aufstellen.

Im Frühling von Schongau nach Steingaden und zurück

Mit unserem Freund Fritz, der ganz besondere Wege zum Radeln im Pfaffenwinkel kennt, hatten wir uns am Samstag um halb zwölf Uhr in Schongau verabredet. Da blieb uns genug Zeit, um vorher Dr. Hanfstingl in seinem schönen Haus in Weilheim mit Blick auf die Ammer zu besuchen. Er gab uns einschließlich einer ausführlichen Wegebeschreibung den guten Rat, nach Schongau über die Straße in Richtung Wessobrunn und nicht über Peißenberg zu fahren. »Ich beneide Sie um die schöne Fahrt an diesem schönen Tag«, rief uns der lebhafte alte Herr noch nach, als wir uns wieder ins Auto setzten.

Wie recht er hatte! Wir bogen wenige Kilometer vor Wessobrunn linker Hand am Zellsee scharf links ab und fuhren die steile Straße 2 km bergan durch den Wald nach St. Leonhard im Forst. Es war kurz vor 11 Uhr, und die gewaltige Kirche, die sich dort inmitten der verstreuten einstöckigen, behäbigen Weiler prächtig erhebt, war endlich einmal aufgeschlossen. Wir waren die einzigen Besucher.

Es erschlägt einen fast, wenn man unvorbereitet in die Kirche kommt, die innen noch viel größer und gewaltiger ist, als es von außen den Anschein hat. Hier haben sich die Wessobrunner Künstler wirklich ausgetobt, um eine schöne Wallfahrtskirche zu schaffen. Zu allererst nimmt uns das farbenprächtige Deckengemälde von Matthäus Günther gefangen. Da sind wie in einem Bilderbuch Szenen aus dem Leben des Hl. Leonhard dargestellt: Man sieht den Einsiedler Leonhard, sieht ihn als Prediger, Tierfreund und natürlich als Patron der Gefangenen. Nur die Szene als Geburtshelfer für die französische Königin, die wir in der Bauerbacher Kirche bewundert haben, vermisse ich. Die Mitte des Bildes ist Maria vorbehalten, die mit den drei Tugenden dargestellt ist. Eine Alarmwarnung hindert uns leider daran, das Kircheninnere und den Altarraum zu betreten, um die Seitenaltäre, vor allem aber das spätgotische Gnadenbild im Hochaltar näher zu betrachten. Vielleicht ganz gut so. Wir bekamen dafür den Gesamteindruck von schwebender Leichtigkeit in der in allem harmonisch zueinander gefügten Ausstattung des Altars und der Seitenaltäre mit den Heiligen Silvester, Elisabeth, Ulrich, Afra und ihrer Mutter Hilaria, den Putten und dem einfachen Stuckwerk. Hier machte uns der Dehio und die kleine Kirchenbroschüre darauf aufmerksam, dass Schaithauf und vor allem F.X. Schmädl für die Heiligen verantwortlich sind. Guter Rat: Am Leonhardstag sollte man wiederkommen, sofern der Rummel dann nicht zu groß ist.

Wir müssen heute weiter, die Verabredung ruft.

In einer kleinen Viertelstunde sind wir am Parkplatz vor dem Hallenbad nach dem Eislauf- und Skaterstadion von Schongau angekommen, nicht ohne die Fahrt durch die ergrünenden Wiesen mit dem gelben Löwenzahn auf den Südseiten zu genießen, ebenso wie den Anblick der kleinen Ortschaften und Weiler, die einmal im Wessobrunner Besitz gewesen sein mögen. Diese Strecke wäre, wenn man die Höhe von St. Leonhard im Forst erst erklommen hat, auch als Radlweg zu empfehlen. Sie ist als 2-Seen-Route bis Schongau ausgezeichnet.

Vom Parkplatz radeln wir nun mit unseren Freunden mühsam und teilweise schiebend hinauf auf die Dammkrone des Lechstauwerks, überqueren sie und fahren - genüsslich nun - den leicht ansteigenden Weg durch den Hochwald. Erstes Grün, immer noch Schlüsselblumen, Ehrenpreis, Anemonen und Bärlauch wachsen am Weg. Davon will Anemone morgen eine Suppe kochen. Wir stoßen auf die Straße zur neuen Lechbrücke und damit auf gleich drei ausgezeichnete Radwanderwege, die uns nach Steingaden führen wollen: die »Königlich-Bayrische Radtour«, die »König-Ludwig-Route« und den Radweg »Romantische Straße«. Kein Wunder, dass gleich drei so nobel benannte Radwege nach Steingaden führen: eine schönere Landschaft kann man sich schwerlich ausdenken. Wir durchfahren die kleine Ortschaft Kreuth mit romantischer, aber verschlossener Kapelle am Wegesrand, folgen bergauf und bergab durch Wälder und Wiesen immer den kleinen blauen Schildern. Rechts bleibt der Anblick des Auerbergs zurück. Vor uns haben wir die Silhouette des Kegelbergs und rechts von ihr das Füssener Tal. An drei Höfen, an Pferden und einem Esel, an blühenden Bauern- und Steingärten radeln wir vorbei, stangerlgrad auf die Alpen zu. Durch Riesen führt der Weg, am kleinen Moosweiher möchte man anhalten und schauen. Immer wieder gibt es jetzt größere und kleinere schilfbestandene Moorweiher zu sehen - es spannt sich eine richtige Seenplatte zur Rechten und zur Linken; der größte Weiher ist der Deutensee. Schon bald sehen wir Steingaden mit der charakteristischen zweitürmigen Kirche vor uns liegen. Wir radeln in den Ort, halten uns auf der Hauptstraße kurz links, nach der grünen BP-Tankstelle wieder links, überqueren den in der Mittagsruhe still liegenden Platz, überlegen einen Augenblick, ob wir erst in die Kirche oder erst ins Wirtshaus gehen sollen, und entscheiden uns einstimmig fürs Wirtshaus - sind wir doch nun schon 17 km geradelt und entsprechend durstig und hungrig.

Fritz empfiehlt uns die Wirtschaft »Zur alten Schmiede«, und die Empfehlung ist gut. Weißbier und Radlermaß gibt's vom Allgäuer Brauhaus; zwei halbe Hendl kommen mit frisch gemachten Pommes Frites und Salat rösch und heiß auf den Tisch im Garten. Anemone bekommt anstandslos eine halbe Portion Kässpatz'n zum halben Preis, und Bärbel beneidet sie, denn sie hat Mühe, mit ihren Knoblauch-Spaghetti fertig zu werden. Wir setzen noch Cappuccino und Obstler drauf und müssen

Blick über den Deutersee auf die Alpen

doch nur wenig mehr als achtzig Mark bezahlen. Die Wirtin kommt schließlich sogar selbst an den Tisch und überlässt uns eine kurze Hausgeschichte, die sich so liest:

»Unsere »Alte Schmiede« mitsamt den angegliederten Gebäuden war im Mittelalter Bestandteil der Wirtschaftsgebäude des Prämonstratenserklosters Steingaden. Unter dem gemeinsamen Dachstuhl befanden sich damals die Getreideböden des Klosters. Im Obergeschoss waren die Werkstätten der Handwerker wie Schuhmacher, Sattler und Kistler untergebracht. Das Erdgeschoss, also auch unsere Gaststätte, gehörte zu den Stallungen des Klösterlichen Marstalls. Nach der Aufhebung des Klosters Steingaden im Zuge der Säkularisation anno 1803 und dem Abbruch der damaligen Klosterschmiede am Marktplatz (heute gegenüber Zenetti) entstand hier um 1820 eine Dorfschmiede. Diese wurde nach dem Brand des Brauhauses Steingaden (Weihnachten 1914) zur gräflichen Bräuschenke »Zur Alten Schmiede« umgewandelt.«

Hier kann man getrost wieder einkehren. Und nun haben wir sogar zur Einstimmung auf Kirche und Kloster eine Vorstellung, was sich hier früher abgespielt hat. Trotzdem kommt die prächtige Kirche von St. Johannes dem Täufer bei uns heute ein wenig zu kurz; der Vormittag war halt schon so reich an Eindrücken durch die Leonhardskapelle und die herrliche Frühlingslandschaft. Aber das schöne Deckengemälde von Georg Bergmüller mit seinen kräftigen Farben, das die Geschichte des Hl. Norbert erzählt, spricht uns natürlich an, ebenso wie der Blick auf die reichhaltige Orgel. Dann ergreift uns sehr, wie ein Ehepaar, das eben noch schweigend mit uns durch die Kirche ging, plötzlich vor dem Hochaltar stehen bleibt und zweistimmig alte, uns unbekannte Kirchenlieder singt. Sie vermitteln uns eine Ahnung von der bekannt guten Akustik dieser Kirche. Der alte Kreuzgang mit dem romantischen, zur beschaulichen Ruhe einladenden Innenhof ist leider eingeschalt; er wird renoviert.

Wir sitzen gestärkt wieder auf und fahren zurück - nicht auf dem selben Weg natürlich; dafür ist der Fritz schon gut. Etwa zwei Kilometer nach Steingaden verlassen wir den gezeichneten Weg und biegen rechts nach Butzlau ab, durchfahren die beiden Höfe dort, lassen die kleine Kapelle aus dem Jahr 1789 rechts liegen und fahren um den stattlichen Deutenhofer See an dessen Ostseite herum. Im Weiler Deutensee, wo wir die Nordspitze des Moorsees erreichen, müsste man gleich neben dem Straßerl vorzüglich auf Bank und Tisch Brotzeit machen und anschließend oder vorher baden können, wenn es Sommer wäre. An dieser Stelle verlassen wir den Weg ganz scharf rechts und fahren durch eine lange Wiese zum Grubsee hinunter, den wir in weitem Bogen ostwärts umfahren.

Kurz hinter dem Weiler Grub müssen wir einfach anhalten: Unter uns der See mit einem brütenden Höckerschwanpaar, davor eine stattliche Buche und dahinter die weißen Spitzen der Berge. Rechts neben und vor uns eine ansteigende Wiese, die gelb von Löwenzahn ist, und dahinter weiße Kumuluswolken im blauen bayerischen Himmel. Das ist der Pfaffenwinkel, wie er im Buche steht. Hier blühen auch schon die ersten Frühlingsenziane am Weg.

Nach den drei Höfen von Grub halten wir uns rechts und strampeln ein bisschen bergauf, bis wir wieder die Straße nach Kreuth erreichen. Wir hätten jetzt nur noch 80 Meter bis Kreuth, wenn der kundige Fritz nicht noch eine kleine Variante für uns bereithalten würde, die auf der Karte fast nicht zu finden ist. Wir strampeln also den Weg nach Kreuth bergan und schieben dann die Räder spitzwinklig in einen befestigten Weg nach rechts, an einem Stadel zur Linken vorbei. Wildromantisch geht es nun 200 bis 300 Meter an einem Bach entlang, den wir schließlich ohne Brücke mit den Rädern gerade noch durchfahren können. Dann führt der Weg sichtbar, aber nicht befestigt, durch eine Wiese und einen Hof, mündet endlich in eine Asphaltstraße und führt uns wieder über die Straße, die zur neuen Lechbrücke führt.

Nun fahren wir auf dem selben Weg, den wir heute morgen gekommen sind, bequem bergab durch den Wald über die Dammkrone und zurück zu unseren Autos, die wir nach 34 km Fahrt gegen 17 Uhr erreichen. Anemone spricht mir aus dem Herzen, als sie dem Fritz versichert, dies sei eine der schönsten Radtouren gewesen, die wir je gemacht haben.

Auf den Spuren des Blauen Reiters

Am Freitag, den 11.10. möchten wir eigentlich die ganze Tour Nr. 3 »Auf den Spuren des Blauen Reiters« erradeln. Das Wetter ist nicht so schön wie Christian König von Antenne Bayern versprochen hat. Aber es scheint immerhin nicht regnen zu wollen - angenehm kühl und trocken ist es eigentlich gerade recht für unser Vorhaben. Die nach der Karte vor uns liegenden 54 km scheinen uns zwar viel, aber doch zu schaffen.

Um Viertel nach zehn stellen wir unseren Wagen in Sindelsdorf an der Gaststätte zur Post ab und heben die Räder herunter. Es scheint uns richtig, die Tour in Sindelsdorf beginnen und enden zu lassen. Hier hat ja Franz Marc fünf Jahre gelebt, von 1909 bis 1914, hier sind seine berühmtesten Bilder entstanden: das Blaue Pferd, die kleinen gelben Pferde, die gelbe Kuh, wohl auch der verschollene Turm der blauen Pferde, der dämonische Tiger, der weiße Stier und die roten Rehe. Ich kann mich noch gut daran erinnern, wie wir 17jährigen Schüler von Marquartstein aus 1947 oder 1948 ins Haus der Kunst nach München fahren durften und zum ersten Mal in unserem Leben die Bilder gesehen haben, die in der Nazizeit als entartet galten. Welche Welt tat sich uns da auf! Verzaubert gingen wir durch die Räume und begriffen: das war wirklich Kunst. Das war eine neue Dimension, eine für uns völlig neue Art zu sehen. Drei- oder viermal danach sind einige von uns damals trotz knapp bemessenen Taschengeldes nach München gefahren, weil man beim einmaligen Schauen ja so vieles übersehen hatte, was erst später bewusst wurde.

Noch aus dieser Zeit geprägt bin ich heute schon ein wenig ehrfürchtig bei der Vorstellung, dass sich in Sindelsdorf bei Franz Marc einmal die Elite der Expressionisten getroffen hat: Kandinsky, Münter, die Mackes, Jawlensky, Niestlé und Campendonk. Wie bescheiden, wie vergleichsweise unbedeutend hat dies alles begonnen. Doch hier entstand die Künstlerbewegung »Der Blaue Reiter« und wir erinnern damit auch die Namen Erbslöh, Kubin, von Werefkin und Kanold.

Gleich am Gasthof zur Post ist auch die Kirche, die Georgskirche von Sindelsdorf, die Namenspatronin für die Blauen Reiter gewesen ist. Wir haben das Glück, dass sie gerade geöffnet wird, weil die Mesnerin dort aufräumt, und beginnen also unsere heutige Tour in der Kirche, wie es sich gehört. 1980/81 ist auch diese kleine Barockkirche geschickt und stilvoll renoviert worden. Johann Sebastian Troger aus Weilheim hat 1790 die eindrucksvollen Deckengemälde geschaffen. Da der Hl. Sebastian, der Schutzpatron der Schützenbruderschaften, auch Schutzpatron dieser Kirche ist, wird er sich sicher besondere Mühe für seinen Namenspatron gegeben haben.

Ob die Künstler des Blauen Reiters auch in diese Kirche gegangen sind? Sicherlich, sonst wären sie doch kaum auf ihren Namen gekommen. Und die einfache und doch in sich geschlossene Kirche paßt auch ins Bild vom einfachen Beginn der Künstler.

Neben der Kirche entdecken wir einen Informationspavillon und erfahren in konzentrierter Form, dass Sindelsdorf auch schon vor Franz Marc ein besonderes Dorf gewesen ist. Erst in den Jahren 1978 bis 1980 hat man hier ein bayerisches Gräberfeld aus der Zeit 550 bis 700 n. Chr. gefunden. Damit blickt Sindelsdorf auf eine 1450 Jahre alte ununterbrochene Siedlungtätigkeit zurück. Was mich besonders interessiert, ist das Grab eines Jägers, dem man nicht nur seinen Jagdspieß mitgegeben hat, sondern auch einen zweijährigen, offenbar gezähmten - deutlich erkennbar ist er gehalftert - »Lockhirsch«*, mit dem er wohl die Jagd ausgeübt hat. Man lernt doch immer wieder etwas Neues, wenn man sich Zeit nimmt. Die Jagd mit Lockhirschen im 7. oder 8. Jahrhundert ist mir völlig unbekannt. Wie wurden die Lockhirsche eingesetzt? In der Brunft, vor der Brunft, nach der Brunft? Wen haben sie gelockt oder locken sollen? Ich werde mich irgendwo schlau machen müssen. Unsere Neugier ist nun geweckt, noch mehr über Sindelsdorf zu erfahren. Im Pavillon wird auf einen Prospekt verwiesen, der aber nicht vorrätig ist. Ob er auf der Gemeinde zu haben sein wird? Oder vielleicht sogar im Tante-Emma-Edeka-Laden gleich neben dem Pavillon? Fragen kostet nichts. Wir werden fündig und noch dazu freundlich bedient. Was darin steht, können wir genauer zu Hause nachlesen.

Dass eine uralte Salzstraße durch Sindelsdorf führte, auf der Salz von Reichenhall via Rosenheim und Sindelsdorf bis in die Schweiz transportiert wurde, haben wir noch im Kopf. Und die Loisach führt ja auch ganz nah an Sindelsdorf vorbei; sie diente vor dem Bau der Eisenbahn München-Garmisch vor etwas mehr als 100 Jahren als wichtige Verkehrsstraße und Verbindung zu Isar und Donau. Von Sindelsdorf nach Wien, Belgrad und Budapest - auch das haben wir heute gelernt.

---

*Einige Wochen nach unserer Tour und nach Befragung verschiedener Experten wurde ich fündig: Die Jagdhistorikerin Dr. Dr.habil Sigrid Schwenck erklärte mir, dass der Lockhirsch am Halfter gegen den Wind so geführt wurde, dass sich der Schütze hinter dem Hirsch verbergen konnte. Das ahnungslose Kahlwild oder die Hirsche nahmen zwar Bewegung wahr, sahen aber, dass es ein Artgenosse war, und so konnte der Besitzer des Lockhirschen zu Schuß kommen. Siehe hierzu auch Bernd Ergert »Die Jagd in Bayern« (Seite 24).
Eine andere Version, nach der der Hirsch in einem Gatter oder Hirschfang für Artgenossen sorgte, die sich mit ihm vergesellschaften wollten, fand ich nicht überzeugend, schon weil dann das Halfter ja eigentlich keinen Sinn hat.

Wenn wir so weiterbummeln, kommen wir nicht einmal bis Murnau, mahnt Anemone endlich, und so nehmen wir Abschied und radeln wieder die Hauptstraße entlang, Schildern »Loipe« und »Schießsportanlage« folgend auf die Weilbergstraße. Unter der Autobahn hindurch fahren wir auf Habach zu. Es ist ein gut ausgebauter, bequemer Radlweg durch braune Moorwiesen, an gelben Birkenwäldchen und saftigen Milchwiesen vorbei. Nach Thomamühle und der Jaudmühle geht's ein kleines Bergerl hinauf, bis wir auf die Autostraße nach Habach kommen. Wir lassen das schöne Dorf heute rechts liegen und freuen uns an dem Blick auf die Habacher Kirche mit dem neuen Turmhelm, der ihr so viel besser steht als der alte. Dem Schild Forsthaus Höhlmühle geht es nun nach; ab und zu müssen wir hier absteigen und schieben, was aber zur Entlastung der Gesäßmuskeln ganz angenehm ist. Der appetitanregende Schweinsbratenduft der Höhlmühle verfolgt uns gut 100 Meter auf unserem Weg durch die einsame Landschaft, durch Wiesen, Bäche und Wälder wie im Bilderbuch. Ein wenig muss man jetzt aufpassen, um im Walde die Abzweigung nach Perlach scharf nach links nicht zu verpassen. Dann kommen wir wieder am Gut Perlach vorbei, nachdem wir etwas schieben mussten. Die Berge sind wie beim letzten Mal vom Hochnebel verdeckt, und so radeln wir ohne anzuhalten weiter nach Hagen. Diesmal wollen wir Murnau umgehen und fahren deshalb der Hagener Straße nach in einer sanften Linkskurve den Berg hinunter und dem Schild Unfallklinik folgend die Loisachstraße bergab. Hier gibt es wieder einen bemerkenswerten und anhaltenswerten Blick auf das Loisachtal. Über die Bahn schieben wir dann unsere Radl und kommen so auf die Murnauer Straße, wo wir nach links abbiegend auf dem bequemen Radlweg in Richtung Ohlstadt fahren.

Schön ist die Strecke. Zwischen Hauptstraße und Loisach lassen uns Streuwiesen und kleine Wäldchen vergessen, dass rechts und links die Hauptverkehrsadern für Kraftfahrzeuge und die Bahn AG von München nach Garmisch verlaufen.

In Weichs geht es über die Bahn und unter der Autobahn durch auf Ohlstadt zu, das gar nicht so groß ist, wie wir dachten. Einen gemütlichen Dorfplatz gibt es mit einladender Bank, einen Steinwurf entfernt von der Kirche. Hier lassen wir uns erst einmal nieder und sichten die Essensvorräte. Apfel und Brezeln schmecken gut, inzwischen ist es ja auch fast zwei Uhr geworden. Die Laurentiuskirche ist geöffnet und noch vom Erntedank am vergangenen Sonntag geschmückt. Auf dem Hauptaltar vor dem Gemälde von Zwinck (1791), das die Marter und Glorie des Hlg. Laurentius darstellt, sind die Gaben der Gläubigen, die Früchte des Feldes und eine gewaltige Erntekrone aufgestellt. Auf den Seitenaltären hat man

Eines von vielen Wegkreuzen

Erntedank in Ohlstadt

Blick übers Moos auf die Alpen

Äpfel, Brote und Honig malerisch unter die Gemälde der Heiligen drapiert. Wenig sagt der Dehio über die lebensgroßen Figuren der Heiligen Petrus und Paulus, die uns angerührt haben. Ländliche Arbeiten nennt er sie, und wir denken wieder daran, wie hoch der Standard des Kunsthandwerks im 18. Jahrhundert gewesen sein muss, wenn nicht einmal mehr die Namen der Künstler überliefert sind. Dies gilt auch für die schöne Madonna mit dem Christuskind. Aber die vielen Kerzen, die die Gläubigen vor ihr anzünden, zeigen einmal mehr, dass der Name des Künstlers eben in der Kirche hinter dem Werk zurücksteht.

Die Zeit drängt allmählich. So schenken wir uns die Suche nach den alten Bauernhäusern mit der Fassadenmalerei, für die Ohlstadt berühmt ist, und radeln am Ortsausgang nach rechts dem Schild Schwaiganger/Großweil nach. Wieder haben wir eine ganz einsame bequeme Radlstraße allein für uns. Vom frommen Sinn der Bewohner erzählen viele Kreuze am Wegesrand. Durch das Gestüt Schwaiganger geht der Weg. Hier sollte man einmal eine Vorführung der Hengste erleben. Durch das Gestüt führt eine Allee, die schließlich in einen Radlweg neben der Hauptstraße nach Großweil einmündet. Wir haben bis jetzt so viel gesehen und es ist so spät geworden, dass wir nicht mehr über Schlehdorf,

Kochel und Benediktbeuren nach Sindelsdorf zurückfahren wollen. Das ist - abgesehen von den Kilometern - zu viel für einen einzigen Tag. Und die Expressionisten haben sich ja auch beim Malen und Betrachten Zeit gelassen.

Darum radeln wir nun kurz entschlossen in Richtung Kleinweil. Wir kreuzen die Loisach und fahren dann scharf rechts auf dem Moosrundweg in Richtung Sindelsdorf.

Nach kurzer Fahrt an der Loisach entlang folgen wir dem Schild Weiler Rundweg Nr. 10. Den Moosrundweg verlassen wir nach etwa zwei Kilometern und fahren scharf rechts parallel zur Autobahn am fast schon verlandeten Haselsee vorbei auf der Landwirtschaftsstraße entlang. An der Autobahnbrücke geht es wieder rechts auf dem Wirtschaftsweg nach Sindelsdorf . Wir müssen nun nur noch ein paar hundert Meter auf der Autostraße radeln, bis wir wieder dort einpassieren.

Mit dem Auto und den Rädern fahren wir noch zur Franz-Marc-Stra-ße Nr. 1, dem Haus, in dem Franz Marc gewohnt hat. Viel zu sehen gibt es dort allerdings nicht. Im Pavillon sind wir schon darauf vorbereitet worden, dass der jetzige Eigentümer Besuchern das ehemalige Atelier nicht zeigen würde.

Während wir im nahe gelegenen Urthaler Hof zu zweit eine große Portion Kaiserschmarrn vertilgen, die einer allein gar nicht essen könnte, sind wir uns einig darüber, dass dies eine besonders schöne abwechslungsreiche Tour durch das Land des Blauen Reiters ist. Wir wollen das Stück, das uns nun noch fehlt, im Herbst oder im nächsten Frühjahr nachradeln.

Rundweg um die Hohe Lüß

Auch am letzten Tag des Jahres wollten wir wandern: Diesen klaren Föhntag mit weißblauem Himmel und Temperaturen etwas über null Grad musste man einfach nutzen. Es sollte ein Weg sein, auf dem man den weiten Blick auf die verschneiten Alpen genießen konnte. In der Nähe von Murnau sollte der Weg beginnen, weil wir dort noch einen Freund im Krankenhaus besuchen wollten. Nicht zu lang - etwa zwei Stunden - sollte er sein, und natürlich sollte am Schluß der Wanderung ein gutes Wirtshaus auf uns warten.

All diese Voraussetzungen treffen auf den Wanderweg Nr. 8 von der Höhlmühle bei Murnau zu. Schon die Autofahrt dorthin gerät zum Erlebnis, wenn man wie wir von der Hauptstraße durch Murnau in Richtung Norden fährt, beizeiten rechts Richtung Weindorf abbiegt, zwischen dem romantisch-stillen Naturschutzgebiet Froschhauser Weiher zur Rechten und dem Riegsee zur Linken durchfährt und dann - aufpassen - dem Verkehrsschild Lothdorf nach rechts folgt, unter dem schon ein Hinweisschild Höhlmühle angebracht ist.

Die Fahrt auf schmaler Straße am Hannesberg vorbei, durch Wiesen und alte Fichtenwälder, an naturbelassenen Bächen und braunen Holzstadeln entlang ist fast zu schön, um sie mit dem Auto zu durcheilen. Wir sind sie auch schon geradelt und haben dabei Pilze am Weg gefunden. Auch die Loipe von der Höhlmühle her überquert irgendwann diese Straße. Wir sind sie auch schon gefahren. An diesem letzten Dezembertag ist für diesen Sport zu wenig Schnee, aber dafür glitzern die Birken und die Hagebutten am Weg im Rauhreif, der von der Sonne erfaßt bald wegschmelzen wird. An der Höhlmühle stellen wir den Wagen ab, gehen ca. 100 Meter zurück und folgen dem grünen Wegweiser Nr. 8 »Höhlmühle-Rundweg«. Der führt uns bald von der Aidlinger Straße ab nach rechts in mäßigen Steigungen durch alten brüchigen Schnee um den 734 m hohen Höhenberg herum. Fichtenwald begleitet uns, bis wir die Höhe fast erreicht haben. Gut ausgezeichnet biegt der Weg hier scharf nach links ab. Man glaubt sich plötzlich auf eine Almwiese in über 1000 m Höhe versetzt mit mächtigen malerischen Fichtenüberhältern, in die hin und wieder der Blitz eingeschlagen hat, mit knorrigen Eichen, Stadeln für Heu und Vieh. Von einem Bienenhaus am Südwesthang ist der Blick so schön, dass man hier gern Biene wäre. Dann sähe man jeden Tag, so wie wir heute, den langgezogenen Heimgarten, den Herzogstand und den Jochberg als dominierenden Gebirgszug. Dahinter ragen vornehm die verschneiten Gipfel von Alpspitze und Zugspitze auf und das unverkennbare Ettaler Mandl. Auch der Weg weiter am Hang entlang verführt immer wieder

80

Blick vom Aidlinger Höhenweg

zum Anhalten, Niedersitzen, Fotografieren und Brezl'n-Essen, was wir weidlich ausnutzen.

Ein paar Schritte gehen wir noch auf Aidling zu, bevor wir umkehren und dann links abbiegend wieder dem grünen Schild folgen. Schließlich entscheiden wir uns dafür, den eigentlichen Rundweg bergab laufen zu lassen und lieber dem nicht so gut ausgezeichneten Höhenweg scharf rechts zu folgen, auch wenn wir uns hier schon einmal verlaufen haben. Im Wald wird heute am letzten Tag im Jahr eifrig Holz geschlagen und gesägt. Holz, das am 31. Dezember geschlagen wird, springt und reißt nicht auf. Doch muss der Wipfel gegen das Tal zu fallen. Der dicke, schnauzbärtige Bauer, mit dem wir ins Gespräch kommen, weiß, dass es so im Mondkalender steht. »Deswegn schlagn wir ja heut«, erklärt er.

Wir laufen weiter vergnügt auf der Höhe dahin im Lichte der Sonnenstrahlen, die durch den alten Buchenbestand glitzern. Linker Hand sieht man weit hinten den Starnberger See mit Starnberg und davor unser Antdorf und die Bachkapelle. Über Wurzeln führt der Weg, hin und wieder gekennzeichnet durch dicke rote Punkte an den Bäumen, aber auch durch viele Fußspuren und Hufeisenabdrucke. Ganz leicht haben es die Reiter hier nicht, wie die Rutschspuren im feuchten Erdreich, im Laub und im Schnee beweisen. Ich bin jedenfalls froh, dass ich heute früh meinen Bergstecken mitgenommen habe, um mich gelegentlich abstützen zu können und Halt zu suchen.

In weiten Serpentinen geht der Weg nun abwärts. Diesmal verlaufen wir uns nicht, überqueren richtig den Bach vor der Höhlmühle auf einem kleinen steinernen Brückchen und ziehen hungrig und durstig auf unser bequemes Wirtshaus zu, von dessen guter Küche wir schon öfter profitiert haben. Doch die Tatsache, dass um 12 Uhr mittags erst drei Autos vor der Mühle geparkt sind, stimmt uns bedenklich. Tatsächlich - die Mühle ist geschlossen. Kein Schild, kein Hinweis. Am Mittwoch, den 31. 12. mittags wird hier nicht gekocht, getrunken und gegessen. Darf das sein?

Wohin nun? Mehr durch Zufall finden wir auf dem Rückweg kurz vor Habach links, keine 50 Meter von der Straße entfernt, das Eichbichl Stüberl, welches von außen nicht allzuviel hermacht. Wiener mit Kartoffelsalat werden sie wohl haben, meint Anemone. Wir kehren ein: Eine urgemütliche Stube mit großem, runden, vollbesetztem Stammtisch, brave Tische und Stühle, nichts Aufgemotztes; an der Wand die üblichen Hirschgeweihe, Schützenscheiben, König Ludwig grüßt, und Fotos von der letzten Leonhardifahrt dürfen nicht fehlen. Der Wirt nimmt sich gute sieben Minuten, um ein Löwenbräu Pils vom Faß zu zapfen, und so schmeckt es dann auch: richtig temperiert und untadelig. Die Karte ist überraschend reichhaltig, dabei kein Toast Hawaii und kein Nasigoreng. Das hätte uns jetzt wehgetan. So bestellen wir beim Wirt selbst Hirschkalb mit Rosenkohl, hausgemachte Spätzle und Preiselbeeren für mich; Anemone nimmt ein kleines Rahmschnitzel, ebenfalls mit Spätzle und Salat. Der Wirt verschwindet in der Küche, derweil bedient seine Frau weiter. Es dauert wohl 20 Minuten, bis wir - beide zur gleichen Zeit - unser Essen bekommen. Es sieht nicht nur gut aus, es schmeckt auch so. Butterzartes Fleisch in verschiedenen dazugehörigen Soßen, mit ganz leichtem Biß der Rosenkohl, und die Spätzle sind wirklich hausgemacht. Wir lassen nichts, aber auch gar nichts auf den Tellern zurück. Das freut die Wirtin. Sie sagt es, und wir sagen ihr, wie gut es uns geschmeckt hat. Schließlich ist auch die Rechnung so, dass wir gerne wieder kommen werden.

Vielleicht finden wir einen neuen Weg, der direkt am Eichbichl Stüberl endet.

Tageswanderung auf den Bayerischen Rigi

Am Faschingsdienstag locken uns die klare Sonne und Temperaturen über 0 Grad zu einer längeren Wanderung. Sie soll krönender Abschluß unseres Kurzurlaubs sein, an dem wir an jedem Tag ein bisschen weiter gelaufen sind und wie immer Neues und Schönes erlebt und gesehen haben. Beim Vorstudium des ausgezeichneten Wanderführers von DuMont »Pfaffenwinkel Werdenfelser Land« stoßen wir auf die Tour Nr. 9 »Der Bayerische Rigi« und beschließen spontan, gemeinsam mit unseren Freunden auf den Hohenpeißenberg zu wandern.

Trotz der sehr präzisen Tourenbeschreibung wird freilich empfohlen, die genaue Route auf der Kompaß Wanderkarte No. 179 Pfaffenwinkel-Schongauer Land zu verfolgen und zu planen. Dies gilt um so mehr, wenn man wie wir immer wieder einmal von der vorgeschriebenen Tour abweichen und kürzere oder vermeintlich reizvollere Wege erkunden will. Bei der Anfahrt über Weilheim an der weiß und ockerfarbigen Kirche von Oderding vorbei nach Peißenberg, lassen wir uns noch ganz von DuMont leiten, folgen also in Peißenberg der Straßenführung nach Paterzell unter der Eisenbahnlinie hindurch und stellen unsere Autos auf dem Wanderparkplatz vor dem Ort Fendt ab. Ein kleines Stück in Richtung Fendt wandern wir von hier auf der Straße und biegen dann nach dem zweiten Bauernhof vor einem Bach links in eine aufgeweichte Feldstraße ein, die uns zum Wald führt. Kurz nach dem Waldrand verlassen wir die Feldstraße, steigen links zum Bach hinunter, überqueren ihn und steigen nun geradeaus aufwärts. Das Rätsel eines kleinen, weißen, halb handtellergroßen Fäßchens, das auf einigen Bäumen sichtbar am Weg aufgemalt ist, löst sich später: Es ist das Wegzeichen des Schäfflerweges, dem wir heute den ganzen Tag weitgehend folgen werden. Da bin ich mit meiner Brauereivergangenheit ja gut aufgehoben! Der Schäfflerweg führt nun gelegentlich auf Treppchen, die mit merkwürdig konstruierten kleinen Türen geschlossen werden können, bergauf. Immer schöner wird der Weg. Er verläuft hier auf einem bewaldeten Hügelrücken mit Blick auf den Bach rechts tief unter uns und weiter auf einen hochstämmigen Buchenhang zu, der vom Talboden aus wieder steil ansteigt. Zur Linken haben wir jetzt einen aufgelassenen Hohlweg, der wohl gelegentlich noch von Traktoren benutzt wird. Die ersten Leberblümchen trauen sich schon, ihre blauen Blüten auf dem braunen Waldboden aufzuschlagen. Nachdem wir einen einfachen Wegweiser nach Wildkreut passiert haben, erreichen wir den Waldrand und wandern auf schmalem, schlecht sichtbaren Pfad auf eine Feldstraße zu, die uns in angenehmen Serpentinen hinauf nach Wildkreut führt. Nach einer knappen Stunde ist es Zeit für eine erste Rast in der Sonne auf der Terrasse eines kleineren Häuschens mit Bank und Tisch. Die Besitzer sind erfreulicherweise nicht zu sehen, und so haben wir Terrasse und Blick für uns. Die laut DuMont wunderbare Aussicht nach Norden und Osten von hier aus können wir allerdings nur erahnen. Das Kloster Andechs ist gerade noch zu erkennen, ebenso wie die großen weißen Schüsseln von Raisting. Die Benediktenwand und die Tegernseer Berge liegen dagegen im Dunst des frühen Frühlingstages, der auf die Obstgartenwiese am nahe gelegenen Jocham-Hof einen weißen Märzenbecher-Teppich gezaubert hat. Mit Hilfe unserer Karten und der Wegbeschreibung im DuMont buchstabieren wir uns nun auf dem richtigen Weg bis zum Geburtshaus des Malers Matthäus Günther, das groß, stattlich, verfremdet und im Begriff, ganz renoviert zu werden, hoch oben am Wege liegt. Der Einfachheit halber übernehme ich die präzise Wegbeschreibung dahin aus dem DuMont wörtlich:

Am ersten Hof von Windkreut, dem Jocham-Hof, gehen wir vorbei und nehmen das Teersträßlein, das dahinter beginnt. Auf ihm bleiben wir nur bis zu einer Linkskurve und gehen dort geradeaus auf dem Feldweg weiter zu einer zweiten Teerstraße. Auf dieser gehen wir etwa 200 Meter nach rechts und biegen bei einigen Birken wieder links in die nächste Feldstraße ab. An einem Bauernhof (inzwischen ein Neubau) *vorbei erreichen wir einen großen Kirschbaum links vom Weg. Nur wenige Meter nach diesem Baum ist links ein Stacheldrahtzaun, unmittelbar danach führt ein je nach Vegetation schwer zu sehender Weg* (direkt am Stacheldrahtzaun entlang) *nach links zum Waldrand. Den Zaun einer Jungpflanzung lassen wir rechts liegen und gehen auf schmalem Pfad leicht aufwärts. Links ist eine Bogensport-Anlage, bei ihrem Eingang nehmen wir den linken schmaleren Weg und kommen wieder zu einer Teerstraße, in die wir links einbiegen und kurz danach wieder rechts zu einem großen Anwesen mit kleiner Kapelle daneben hinaufsteigen.*

Was der DuMont nicht erwähnt, ist eine große Fichte an der Bogensport-Anlage, die voller Misteln hängt. Wir wußten nicht, dass Misteln auch auf Fichten schmarotzen. An der Kapelle machen wir Halt für einen Fototermin, wenn auch das Originalgemälde der Mutter Gottes von Günther in der Kapelle aus Erhaltungsgründen durch eine Farbfotografie ersetzt ist - »Am farbigen Abglanz haben wir das Leben.«

Pferdeland ist hier oben. Die neugierige und pferdenarrische Bärbel wirft einen Blick in die Stallungen des ehemaligen Günther-Hofes und schwärmt von den edlen Hengsten, die sie darin entdeckt hat. Deren nicht ganz so ansehnliche Gefährten suchen derweil auf zahlreichen Koppeln die ersten frischen Gräser. Es geht weiter bergan. Kurz vor dem Taigschusterhof entdecken wir hinter einer Großbaustelle, wo offenbar drei oder vier neue Anwesen entstehen, eine Kapelle, die wir anschauen

St. Georg am Hohenpeißenberg

Hauptaltar mit dem hl. Georg, St. Onuphrius und der hl. Agatha

wollen. Mit forscher Stimme: »Die Kapelle ist zuagsperrt und zum segn gibts do gar nix«, werden wir daran gehindert. So barsche Zurechtweisung sind wir im Pfaffenwinkel eigentlich nicht gewohnt. Von hier aus führen nun viele Wege zum Bayerischen Rigi und man musste sicherlich nicht unbedingt wie wir quer über Wiesen und an vielen großen Eichenbäumen vorbei wandern, bis man sich angesichts des hohen Sendeturmes nach rechts wendet und, am Oberlandgestüt vorbei, schließlich das Restaurant Bayerischer Rigi am Hohenpeißenberg erreicht. Auf der sonnenerwärmten Terrasse finden wir den letzten windgeschützten Platz an der Hauswand, lassen uns von der ob des gewaltigen Andrangs drinnen und draußen leicht überforderten, aber trotzdem freundlichen und schlagfertigen Kellnerin Speisekarte, Radlerhalbe und Hackerweißbier bringen. Die Krautwickerl, die wir dann wählen, sind frisch zubereitet, wohlschmeckend und mit 12,80 Mark preiswert. Für unseren großen Hunger nach der bisher zweieinhalbstündigen Wanderung ist die deftige Kost genau richtig, zumal wenn sie danach durch einen Cappuccino und zu Ehren des Faschings mit ganz köstlichen, lockeren und frischen Krapfen ergänzt wird. Als besonders angenehm empfinden wir die Tatsache, dass der Platz trotz des Faschingsdienstages nicht durch laute Musik beschallt wird.

Um halb drei bläst der umsichtige Fritz zum Aufbruch. Wir werfen noch schnell einen Blick in die Wallfahrtskirche und vor allem in die intimere und noch anheimelndere Gnadenkapelle, die wir schon vor zwei Jahren einmal ausführlich besichtigt haben.

Viele mögliche Wege gibt es nun abwärts nach Peißenberg. Wir wählen den mit H 3 ausgezeichneten an Sölden vorbei nach Oberschwaig, durch Wiesen hinunter über Mitterschwaig nach Vorderschwaig und von dort zum Weinbauer, wo sich noch einmal ein herrlicher Blick von einem zur Rast und zum Wohnen einladenden Platz in der Sonne bietet. Kein Wunder, dass in dieser sonnigen Lage einmal Wein angebaut wurde. Ob er Peißenberger Hofstück hieß? König Gustav Adolf soll ihn getrunken haben, aber der Chronist meldet nicht, wie er ihm geschmeckt hat.

Als wir das letzte Mal hier wanderten, kamen wir an der Georgskapelle, tief im Wald gelegen, 750 Meter vom Weinbauern entfernt, vorbei, fanden sie geschlossen und lasen erst später bei Willi Mauthe und im Dehio nach, welches Kleinod im Pfaffenwinkel wir uns hatten entgehen lassen und dass der Bauernhof an der Kirche die Schlüssel hütet und hergibt. Diesmal wollen wir gescheiter sein, wandern also die 750 Meter auf der Asphaltstraße zum Jörgama-Hof, läuten und bekommen von der freundlichen Frau Annelies Höck tatsächlich einen großen schmiedeeisernen Schlüssel mit einem Ring und kleinem Sicherheitsschlüssel daran in die Hand gedrückt. Dazu gibt es die Warnung, ja nichts anzurühren,

weil sonst die Alarmsirene ertönt und die Peißenberger Gendarmerie aus-
rückt.

In der nächsten halben Stunde haben wir nichts angerührt, aber viel
gesehen, nachgelesen und - natürlich - fotografiert. Die Ausstattung der
außen so unscheinbaren kleinen Kirche ist allein schon einen Besuch
dorthin wert. Auch hier darf ich zunächst den DuMont zitieren:

*Die Georgs-Kapelle von Peißenberg gehört zu den versteckten Kleinodien
des Pfaffenwinkels. Sie ist der letzte Rest einer Burg der Grafen von See-
feld, die Ende des 14. Jahrhunderts zerstört wurde. Ihr Inneres ist mit
Szenen aus der Georgslegende geschmückt, die um 1400 entstanden sind
und wahrscheinlich von einem Münchner Hofmaler stammen. Er illus-
trierte eine Fassung der Legende, die auf griechische Vorlagen aus dem 5.
Jahrhundert zurückgeht. Darin wird in erster Linie der schreckliche Mar-
tertod geschildert, den der Heilige unter dem Perserkönig Dacian erlitt:
Er wird aufgehängt und ausgepeitscht, halb verbrannt und geviertelt in
einen Brunnen geworfen. Damit ist sein Martyrium noch nicht zu Ende.
Engel fügen seinen Körper wieder zusammen, er wird erneut geschlagen,
mit einem mit Nägeln gespickten Rad gefoltert, musste einen Becher Gift
trinken und wird schließlich enthauptet. Die Darstellung ist so drastisch
und zugleich so unwahrscheinlich, dass man sich heute kaum vorstellen
kann, wie jemand daran glauben konnte. (Doch vielleicht geht es unseren
Nachfahren im Jahr 2600 ähnlich, wenn sie ein paar Ausgaben heutiger
Boulevardzeitungen sehen, die sich fast nur mit Mord, Raub und Verge-
waltigung befassen.)*

Die Darstellung auf den rötlichen Fresken ist nicht nur drastisch und
unwahrscheinlich, sondern auch sehr gut erhalten und ganz erstaunlich
lebendig. Wenn sie nicht so schreckliches Geschehen zum Inhalt hätte,
wäre man versucht, sie als künstlerischen Vorläufer von Comics zu
charakterisieren. In einer Zeit, in der kaum ein Kirchenbesucher lesen
konnte, sicherlich ein brauchbarer Versuch, den Gläubigen die Allmacht
der göttlichen Heerscharen und das zu bewundernde Martyrium ihrer
Heiligen nahe zu bringen. Wir versuchen, die einzelnen Bilder zu deuten.
Darüber hinaus entdecken wir auch die anderen Kostbarkeiten des
Kirchleins, das in dem kleinen Kirchenführer des Heimatpflegers Mauthe
»Die Kirchen und Kapellen in Peißenberg und Ammerhöfe« zu Recht als
Schatzkammer mittelalterlicher Kunstwerke bezeichnet wird.

St. Georg, der auf den Fresken in einer uralten, später wohl ziemlich
vergessenen Heiligenlegende dargestellt wird, ist natürlich auch in der
konventionellen Fassung hier verewigt worden: im Hauptaltar und in
zwei frühbarocken, handwerklich und künstlerisch hochinteressanten

St. Georg am Hohenpeißenberg   *Leuchterengel*

und uns sehr berührenden ausdrucksvollen Darstellungen: Eine ganz zarte Agathe steht auf dem Hochaltar neben dem Heiligen Georg und schützt uns vor Feuer und Wassernot. Von St. Onuphrius neben ihr, behaart, mit Laubkranz als Lendenschurz und mit Weltkugel und Zepter, hatte ich noch nie etwas gehört, obwohl die Wittelsbacher sich ihn zum Hauspatron erwählt haben. Auch Ärzte und Apotheker dürften ruhig hierher kommen und sich an den Figuren von St. Kosmas und St. Damian ein Beispiel nehmen, die ihre Patienten nicht nur umsonst behandelt, sondern bei dieser Gelegenheit auch noch zum Christentum bekehrt haben. Was alle die hier gezeigten Heiligen und die Bilder auf den erst 1940 wiedergefundenen und freigelegten Fresken gemeinsam haben, ist die mir noch nie so aufgefallene ungewöhnliche Liebe zum Detail, die die Künstler auf die Kleidung der Figuren verwandt haben. Das läßt wiederum Rückschlüsse auf die Zeit ihrer Entstehung zu. So kann man die Fresken z.B. ziemlich genau auf die Zeit von 1400 bis 1410 datieren.

Wir sind ergriffen und begeistert, als wir den Schlüssel an die freundliche Frau Höck zurückgeben, für je sieben Mark die hübschen Postkarten und die Beschreibung des kleinen Wunders erstehen, nachdem wir natürlich vorher einen angemessenen Beitrag für die Renovierung der Kirche in den Opferstock gesteckt haben.

Zurück wandern wir wieder über den Weinbauernhof und nicht die Diretissima unterhalb der Kapelle wie bei unserem letzten Besuch. Bei sinkender Sonne genießen wir noch einmal den aussichtsreichen Gang auf einem sehr bequemen, frisch gerichteten Weg hinunter in die Ortschaft. Am ersten Haus von Peißenberg, das weiß mit blauen Fensterläden über dem Weg im Walde liegt, verlassen wir den Spitzweg-Rundweg und biegen nach links ab. Wir wandern auf Asphalt am Ortsrand von Sulz dahin, zunächst am Michelsbach entlang. Dann halten wir uns links entlang eines Baches, gehen über die erste mögliche Brücke, da wo der Wiesenbach in den Georgsbach fließt, dann an einer Neubausiedlung entlang, und jetzt sehen wir schon unseren Parkplatz an der Bahn in etwa 1 oder 1½ Kilometer Entfernung. Wir laufen, um ihn möglichst schnell zu erreichen, quer über die frisch geodelte Wiese, aber man kann auch gesitteter dem Schäffler-Rundweg folgen, der plötzlich wieder vor uns ausgeschildert ist. Gegen halb sechs haben wir den Parkplatz wieder erreicht.

Das war ein schöner langer Wandertag mit dem unvermuteten Höhepunkt der Besichtigung der Georgskirche. Wenn einmal ein ganz klarer Föhntag mit Weitsicht ist, wollen wir noch einmal auf den Hohenpeißenberg gehen und auf das Land im Pfaffenwinkel und die es umgebenden Berge schauen. Dann könnten wir sicher auch die Aussicht vom Gasthof zum Rigi noch besser würdigen.

Zum Bauernmarkt in Seeshaupt

An jedem ersten und dritten Donnerstag im Monat ist Bauernmarkt in
Seeshaupt, und weil wir Hunger auf frisches Bauernbrot und Butter hatten, sind wir vom Schillersberg hinübergeradelt. Das ist ein schöner Weg
für uns im Urlaub. Er führt die Straße nach Antdorf hinunter gleich links
ab nach Gröben und übers Feld durch einen kleinen Fichtenwald.
Danach führt er durch ein Getreidefeld, an dessen Eingang linker Hand,
wo es nach .Schwaig rechts ab geht, eine kleine Marienkapelle den Wanderer zur Andacht einlädt. Sie ist voller kitschiger und weniger kitschiger
Devotionalien und Andenkenbilder, die gläubige Beter ihr gestiftet haben
und noch stiften, weil und wenn ihre Fürbitten erhört worden sind. Nach
der Anzahl der Zeichen ist dies auch heute noch öfter der Fall. Immer ist
sie, ob im Frühling, Sommer oder Herbst, mit frischen Blumen
geschmückt, und fast immer kündet ein frisch angebranntes Kerzlein
davon, dass schon jemand da gewesen ist. Der Jemand ist die alte Mari.
Über 90 Jahre ist sie alt und war ganz früher einmal Schweizerin in Neu-
ried, als sie dort noch Milchvieh hatten. Das ist sehr lange her. Wenn man
sie heute an einem guten Tag erwischt, spricht sie mit einem von diesen
Zeiten und schimpft nicht nur über die gedankenlosen Touristen, vor
denen sie das Kapellchen durch ein schmiedeeisernes Gitter auf eigene
Kosten extra hat schützen lassen.

Wir fahren weiter am Hof Oberlauterbach und den Fischteichen linker Hand vorbei bis zum Gabelechristhof, von dem aus man auf das Sanatorium Lauterbacher Mühle hinunterblickt. Wir fahren heute nicht bis zur Mühle hinunter, sondern biegen vorher links ab, die lange schnurgerade Allee entlang, die zu Ellmann führt, dem großen Hof mitten im Wald, wo man Urlaub machen kann oder Waldhonig kaufen, der dort besonders gut und würzig ist. Schinkenallee nannte mein Vater den Weg, und wir sind ihn mit meiner Mutter vor bald 40 Jahren oft geritten. Damals gab es noch Pferde im Sanatorium Lauterbacher Mühle, und Licki, den Reitlehrer, der einmal bayerischer Ulan gewesen war und sich sonnabends Abend mit der hellblauen Litewka geschmückt mit uns zum Abendschoppen setzte.

Schinkenallee aber hieß der Weg, weil man am Ende des bunten Mischwaldes, der heute noch vom segensreichen Wirken des Oberforstmeisters Dr. Reissinger kündet, links in die Schloßgaststätte Hohenberg abbiegen konnte, wo ein köstliches Schinkenbrot und ein kühles Bier im Wirtsgarten herrlich schmeckten. Den Oberforstmeister habe ich noch gut gekannt. Er war ein sehr bemerkenswerter Oberforstmeister in Oberbayern, und das nicht nur, weil er wohl als einziger seiner Zunft hier ein blitzendes Monokel trug. In »seinem« Wald tat er grundsätzlich nur das, was er und nicht das, was das Ministerium wollte Es wurde gemunkelt, dass er darum auch nicht befördert wurde. Wahrscheinlich wollte er es aber auch gar nicht, denn er liebte den Pfaffenwinkel und seinen Wald sehr. Im Alter von 50 Jahren, wenn andere schon an die Frühpensionierung denken, promovierte er in München über die Frage, wie und warum eine Axt so beschaffen sein muss, wie er es für richtig hielt. Dazu erfand er auch gleich die Reissinger Axt und andere Waldarbeiter Werkzeuge, für die er Patente anmelden konnte. Sogar Schneepflüge hat er erfunden, mit denen meines Wissens noch immer auf dem Flughafen München gearbeitet wird. Dass er darüber hinaus noch gut aussehende Söhne und eine sehr hübsche Tochter hatte, erhöhte den Charme des Forsthauses an der Hauptstraße von Seeshaupt nach Weilheim, zu dem auch noch ein Bootssteg am Starnberger See gehörte. Die Reissingers hatten ein besonders schnittiges Segelboot aus Holz, das unverkennbar und einzig war.

Nahe der Schloßgaststätte Hohenberg liegt ein Schlößchen der Familie von Thurn und Taxis. Damals lebte der Schloßherr, der Fürst von Thurn und Taxis, noch, weit entfernt von Regensburg und sehr anders als sein später so berühmter Vetter Johannes. Er trank nach dem Heumachen am Nachmittag sein Bier in der Schloßgaststätte auf der überdachten Terrasse, manchmal mit meinen Eltern. Mein Vater, der ja ein verhinderter

Landwirt war, bemühte sich dann stets um ein landwirtschaftliches Gespräch, wie er es nannte, ehe wir heimwärts zur Mühle ritten.

Wir fahren heute nicht nach Hohenberg, sondern lassen die Räder Seeshaupt zulaufen, über die Bahnlinie, am Supermarkt und an der ehemaligen Post vorbei, wo um 10 Uhr der Bauernmarkt schon begonnen hat.

Viele Stände hat er nicht, der Bauernmarkt, aber bei den wenigen, die er hat, kaufen wir immer mehr als wir brauchen. Zweierlei Brot von Frau Leininger muss es schon sein, und wenn ich auch auf meinen Cholesterinspiegel achten soll: richtige Landbutter, ohne Zusätze, mit einer Rose nach einem alten Model verziert, die mit Kindheitserinnerungen beladen ist, gibt's bei den Leiningers ebenfalls, und wir kaufen sie.

Honig und vor allem Käse vom Biolandhof kann man am nächsten Stand kaufen, und auch da können wir nicht widerstehen. Die stets vergnügte Frau Vogl betreut ihn. Im Hauptberuf ist sie Bäuerin auf dem Seeleitener Hof in Magnetsried. Vor einem guten Jahr hatte sie wieder einmal einen neuen Käse erfunden. »Schmecka tuat er wiara Mozarella, aba i hob no koa Zeit net ghabt, dass i mir an Nama ausdenk dafir,« erklärte sie uns auf Anfrage. Wir probierten, fanden ihn gut und waren uns einig darin, dass er eigentlich noch besser mundete als der immer ein wenig langweilig schmeckende Mozarella. Würziger, charakteristischer, fest im Biss und doch mürbe, das waren die Attribute, die wir ihm zuordneten. »Nennen Sie ihn doch Seezerella nach ihrem Hof«, riet ich Frau Vogl. Die war gleich begeistert. »Des is der richtige Nama«, sagte sie begeistert. Als wir die nicht ganz kleine Rechnung für unsere Einkäufe bezahlt hatten, drehte sie uns den Rücken zu und begann ein geschäftiges Treiben bei Eiern, Käse, Butter, Topfen und Bauernbrot. Dann überreichte sie mir eine schwere Tüte mit all diesen Kostbarkeiten und ihrem schönsten Lächeln. »Fir Eana, zweng dem scheena Nama«, war ihr Kommentar. Das Wort Danke fiel nicht, es ist im Pfaffenwinkel auch nicht sehr gebräuchlich. Ich dachte mir aber, dass meine Marketingideen schon schlechter belohnt worden sind als mit dieser nahrhaften Gabe. Seitdem besuchen wir Frau Vogl oft auch am Freitag auf ihrem Hof, wo sie dann nachmittags und abends ihren Verkaufsstand aufschlägt. Dann kaufen wir ein für uns, aber auch für Freunde und Nachbarn in München. Sogar die Frau Atzenhofer von unserem Feinkostgeschäft gleich nebenan in Gern bittet uns neuestens, ihr doch mal wieder Käse vom Seeleiten Hof mitzubringen. Das freut die Frau Vogl natürlich besonders.

Ein kleiner Citroen-Lieferwagen mit französischer Nummer schließlich erinnert uns daran, dass auch in Seeshaupt der Gemeinsame Markt schon begonnen hat. Er gehört einem Franzosen, einem richtigen, echten Franzosen, an dessen Auslieferungslager unweit von Wessobrunn wir auch schon vorbeigeradelt sind. Gewürze und Lavendel haben wir beim letzten Mal gekauft, die haben wir noch. Vom letzten Besuch ist uns auch sein Rotwein in besonders guter Erinnerung. Heute hat er einen neuen, einen Rosé aus biologischem Anbau dabei. Da kann man doch nicht nein sagen.

Unsere Einkaufskörbe füllen sich. Eier haben wir noch von Unterzeismering und unsere Gepäckträger sind nun ohnehin voll. Drum radeln wir heimwärts.

Diesmal fahren wir wieder an Ellmann vorbei, biegen aber vor Beginn der Schinkenallee scharf rechts ab, am Waldrand zur Linken und einem Bachlauf und Wiesengrund zur Rechten entlang. Das ist ein breiter, geschotterter Waldweg, der ganz leicht bergauf geht, so dass man ihn im vierten oder höchstens dritten Gang bequem radeln kann. Links oben über uns wissen wir mitten im Wald die Pollingsrieder Kapelle, von der ich schon oft erzählt habe. Vor uns grüßen bald verschwenderisch die Geranien vom Hof der Hausnerin. Ihre Spitze bellen zwar, als wir vorbei radeln, aber wir kehren heute nicht ein, weil es Zeit zum Mittagessen ist, und wir vorher noch schwimmen wollen. So radeln wir einfach weiter, stangerlgrad durch den Lauterbacher Wald, in dem es heuer noch keine Pilze geben will, bis zur Hauptstraße, wo wir uns nach links wenden und ein wenig bergauf gleich darauf wieder daheim sind, wo schon »unser« Weiher auf uns wartet.

Die ganze Fahrt ist natürlich keine Radltour, sondern eine Einkaufsfahrt in die große Stadt Seeshaupt, von etwa 20 km, grad so, dass man das Radeln nicht verlernt vor lauter Faulsein im Urlaub.

Wenn man aber den Weg in den Monaten mit »R« fuhr, konnte man einige Monate lang im »Gewerbezentrum« von Seeshaupt, am Bahnhofsplatz 9, in einem Weinkeller unterhalb einer Metzgerei drei oder mehr frische Austern essen und dazu ein gutes Glas passenden Weißweins auswählen. Sie waren hier mindestens ebenso gut und erheblich preiswerter als beim Käfer in München. »Wein und Sein« heißt der Weinkeller. Ein passender Name. Die Eigentümer betreiben ihn wohl mehr als Hobby. Sie haben in Jenhausen den Hof von den Erben des alten Herrn Krebs gekauft, der ganz früher einmal dort Bürgermeister war und einen Lebensmitteleinzelhandel betrieb.

Leider haben sie den Verkauf von Austern mangels Nachfrage schon wieder eingestellt. Schade, er war für mich ein wohlschmeckendes Tüpfelchen auf der Gastronomie des Pfaffenwinkels.

Vom 100jährigen Glockenläuten und einem Gang in die Irre

Auf eines verstehen sich die Pfaffenwinkler: Aus dem kleinsten Anlaß machen sie ein großes Fest.

Die kleine Kapelle in Eichendorf, die normalerweise immer verschlossen ist, faßt vielleicht 40 oder höchstens 50 Personen, wenn alle auf den acht Bänken sehr zusammenrücken. Mehr Platz ist auch nicht nötig, denn Eichendorf hat ja nur knapp 50 Einwohner, von denen über die Hälfte noch im schulpflichtigen oder Kindergartenalter sind - für Deutschland und Bayern also eine ganz untypische Alterspyramide. Die Kinder und die Erwachsenen verteilen sich ziemlich gleichmäßig auf die sieben Höfe der Ortschaft.

Vor gut drei Jahren hat Eichendorf schon einmal Schlagzeilen in der Ortspresse gemacht. Da haben findige Journalisten die Magd Hedwig vom Berlbauern ausfindig gemacht. Sie haben sie sogar interviewt, weil sie festgestellt haben, dass die Hedwig 65 Jahre beim Berl im Dienst und dabei noch verhältnismäßig rüstig und, was wichtiger ist, zufrieden mit ihrem einfachen Leben ist. Das ist wohl in ganz Bayern eher eine Ausnahme. Im April 1997 ist sie dann in Frieden gestorben, geliebt und wohl gelitten von drei Generationen der Berls, für die sie fast bis zum letzten Tag geschafft hat.

Wir kennen die meisten Bauern und ihre Kinder von den Andachten und Gottesdiensten in Pollingsried, dem Kircherl mitten im Walde, das nur eine gute Viertelstunde zu Fuß von Eichendorf entfernt liegt. Normalerweise gehen die Eichendorfer nach Eberfing zur Kirche und in die Schule, heute mit dem Auto in 10 - 15 Minuten leicht zu erreichen. Früher war es schwieriger. Die freundliche Frau Dodell, Landtagsabgeordnete ihres Zeichens, die auf einem der Höfe in Eichendorf geboren und aufgewachsen ist, hat uns erzählt, wie sie noch in den 50er Jahren eine starke halbe Stunde mit dem Radl bis zur Schule fahren musste. Höchstens wenn das Wetter ganz schiach war, ist sie mit dem Traktor vom Vater in die Schule gebracht worden. Erst kurz vor ihrem Schulabgang wurde ein Goggomobil angeschafft. »Geschadet hat's mir nicht«, meint sie, als sie sich heute mit ihrem schönen rosaseidenen Festtagsdirndl zu uns gesellt, nachdem sie ihre früheren Nachbarn begrüßt hat oder von ihnen begrüßt worden ist. Alle Eichendorfer sind heute anwesend an dem großen Feiertag der Gemeinde. Ein paar Seeshaupter und Eberfinger sind auch dabei, und wir, die wir von den Hausners von diesem Fest und seinem Anlaß gehört haben. Die kleine Glocke in der Kapelle wird nämlich immer noch dreimal am Tag von Hand geläutet. Morgens, mittags und abends. Morgens läutet sie der Bürgermeister Ott persönlich und nachmittags und abends seine Mutter, die in diesen Tagen 87 Jahre alt geworden ist. Das Läuten ist seit 100 Jahren auf dem stattlichen Hof der Otts daheim.

Hundert Jahre Glockenläuten in Eichendorf! Wenn das kein Grund zum Feiern ist. Das meint auch der pensionierte Hochwürden von Eberfing, der sich eben mühsam im schwarzen Anzug aus dem Beifahrersitz seines Autos herausschält, auf der Straße das Meßgewand anlegt und in der Kapelle verschwindet.

Ob er einen Extradraht zu Petrus hat? Oder ob Petrus die Eichendorfer generell besonders ins Herz geschlossen hat? Nach dem strömenden Regen heute mittag ist nämlich plötzlich ab halb zwei die Sonne herausgekommen und freut sich wie wir an den Gläubigen. Nun läutet der Herr Ott aus Leibeskräften beidarmig die Glocke, dass es weit über Eichendorf hinaus zu hören ist. Von unserem Gesang kann man das freilich nicht sagen. In und besonders außerhalb der Kapelle klingt das »Lobe den Herren« doch ein wenig dünn. Bei weitem nicht alle kennen alle drei Strophen auswendig, aber sie können den Gebeten im Kirchlein auch ohne Mikrophon folgen. Es ist heute nur eine kurze Andacht angesagt.

Als die Oma Ott am Stock und am Arm ihrer Schwiegertochter die Kirche verlässt, wartet eine besondere Überraschung auf sie. Eine großmächtige gelbe Wachskerze bekommt sie von den Berchtold-Mädeln überreicht als Dank fürs Läuten, und die Schwiegertochter bekommt einen Blumenstrauß. Freude und Stolz über die gelungene Überraschung ist den Otts wohl anzumerken, als sie nun langsam über die Straße gehen.

Dann füllt sich der Gabenteller vor der Kirche mit Fünfmarkstücken, Zehn- und Zwanzigmarkscheinen, und die Gläubigen gehen eben über die Straße ins »Festzelt«, das die Hausners heute umsonst – »weil es ja für den guten Zweck ist« - hergeliehen haben und wenden sich den weltlichen Genüssen zu. Kuchen und Torten können sie backen, die Eichendorfer! Buttercreme, Sachertorte, Johannisbeertorte, Erdbeerkuchen, Käsekuchen - die Claudia und die Brigitte kommen mit immer neuen kunstvollen Gebilden daher - und alle zehn Bänke im Hausnerschen Festzelt sind im Nu dicht besetzt und bleiben es erst einmal. Susanne Nudelbichlers Kaffee findet reißenden Absatz. Wer es nicht süß mag und schon Kaffee getrunken hat, kann auch ein Helles vom Fass probieren. Wir mögen es süß. Jeder von uns beiden isst zwei Stück Torte, und so haben wir Gelegenheit, vier verschiedene Torten auszuprobieren. Sie kosten - wie auch der Kaffee - nichts, aber der Sammelteller für den Erhalt oder die Restaurierung der Bilder in der Kapelle ist schließlich unübersehbar. Auch wir werfen unseren Obolus hinein und lassen es uns schmecken. Wer isst nicht gern, wenn es für einen guten Zweck ist!

Dem Professor aus Weihenstephan, der sich vor vielen Jahren schon eines der schönsten Anwesen in Eichendorf mit Blick auf den großen

Bürgermeister Ott beim Läuten

Dorfweiher gesichert hat, schmeckt es ebenso gut wie den betagten Eltern der Frau Abgeordneten, die jetzt in Seeshaupt wohnen und das Zusammensein mit ihrer vielbeschäftigten Tochter sichtlich genießen. Nur der Herr Ott kommt nicht zur Ruhe. Er muss zwar nicht mehr läuten, aber er läßt es sich nicht nehmen, alle Gäste namentlich willkommen zu heißen und - so sie denn gehen müssen - zu verabschieden. Dazu bedankt er sich, dass sie gekommen sind, wie es sich gehört.

Auch wir machen uns auf den Weg und nehmen uns vor, mindestens eine Stunde spazierenzugehen, um die Kuchen-kalorien wieder loszuwerden. So fahren wir zur Hardt hinauf, nachdem wir vorher daheim das Gewand gewechselt und Wanderschuhe und Jeans angezogen haben. Auf der Karte haben wir uns einen Weg von der Hardtstraße zur Aloisiuskapelle mitten im Wald ausgesucht. Der Bauer Alois Guggemoos hat sie 1918 gestiftet, nachdem ihm hier vor 100 Jahren die Pferde durchgegangen sind und er trotz seines völlig zertrümmerten Gefährtes wie durch ein Wunder ohne Verletzung davongekommen ist. Ein besonders schöner Weg ist es, den wir uns ausgesucht haben. Mitten durch den Hochwald führt er, ab und zu an eingesprengten Wiesen vorbei. Nach etwa 20 Minuten kommen wir an ein kleines weißes Gehöft mitten im Wald. Wie verwunschen liegt es da in völliger Stille. Wie so etwas wohl einmal behördlich genehmigt worden ist? Es ist der Hof Moosschwaige. Wahrscheinlich wurde er erbaut, bevor es Genehmigungen gab. Weiter geht der Weg durch den Wald bis zu einem großen Holzplatz und der kleinen, weißen, runden Aloisius-Kapelle. Der Heilige ist mit frischen Blumen geschmückt. Eine Weinbergschnecke klimmt vor uns bedächtig oder andächtig die Stufen zur Kapelle hinauf. Hier könnten wir umkehren und im Bogen zur Hardt-Straße zurücklaufen, aber der Kuchen von Eichendorf verlangt dringend nach mehr Bewegung. So wandern wir weiter der Karte nach bis zum idyllischen Josefsweiher, der still und unberührt mitten in einer buschigen Landschaft liegt. Nur ein paar Karpfenflossen lassen das stille Wasser in ganz kleinen Wellen erzittern. Wenn es nicht so kühl wäre und wir Badezeug dabei hätten, könnten wir wohl eben mal ungestört schwimmen. Hierher kommt sicher nur selten ein Mensch. Ob wir weitergehen sollen? Auf der Karte führt ein breiter Forstweg in Richtung Wilzhofen kurz vor dem Ort über den Grünbach und dann am Grünbach entlang in den Wald, wo er sich, immer nach der Karte, verläuft. Wir meinen, dass es auch danach noch eine Wegmöglichkeit geben müsste und entschließen uns spontan, der Forststraße erst einmal zu folgen, denn es ist ja so ein schöner Abend, und es wird wohl nicht mehr regnen. Immer schöner wird die Landschaft um uns herum, auch als die Forststraße vorübergehend an einer Weide entlang führt und zu einem Trampelpfad wird. Auf der Weide beäugen uns neugierig ein Dutzend braunweißer Rinder. Zur Rechten entdecken wir ein ganzes Nest von Roten Waldvögelein, die ihre Blüten verlangend dem Licht entgegenrecken, das aus den Baumkronen auf sie herabfällt. Der Grünbach, den wir dann entlang wandern, ist hier noch völlig ungebändigt, er schlängelt sich in weiten Schleifen baum- und strauchbestanden dahin. Wir überlegen uns, wie man hier wohl noch Forellen fischen kann.

Bergauf führt der Weg zunächst durch freies Feld. Links von uns weiden Schafe, und immer einsamer wird er, nachdem wir kurz nach Wilzhofer ein Weizenfeld hinter uns gelassen haben. Dann führt er an einer sicher anderthalb Kilometer langen eingegatterten Schonung vorbei, und dann hat die Karte leider recht: Er ist zu Ende. Spätestens hier hätten wir umkehren und den gleichen Weg zurückgehen sollen, den wir gekommen sind. Statt dessen vertrauen wir auf unseren Ortssinn und folgen einem Wegerl, das wohl mehr ein Wildwechsel ist. Der Wildwechsel läuft sich tot, und wir sind mitten in dichte Brombeerranken und anderes Gesträuch geraten, das auf verfaulenden Holzstämmen dort vor sich hin wuchert. An einem verrosteten Stacheldraht, der im dichten Bewuchs nicht zu erkennen war, reiße ich mir einen klassischen Winkelhaken in die Wanderjeans und stürze vornüber in die Brennesseln. Eine halbe Stunde irren wir durch das Gestrüpp, bis wir nach Überwindung zweier straff gespannter Stacheldrähte im Modder stehen, den eine muntere Rinderherde für uns zubereitet hat. Wir hören unterhalb am Hang ihre Glocke läuten, wagen uns aber nicht zu zeigen. Eine neugierige Rinderherde können wir jetzt nicht auch noch gebrauchen.

Als wir nach dreiviertel Stunden Marsch bergauf und bergab durch den Wald endlich den Kirchturm von Haunshofen erblicken, sind wir zunächst erlöst, aber immer noch nicht gescheit geworden. Wir kürzen ab und wandern über Wiesen und Weiden bis zum Pumphäuserl am Grünbach, das wir kennen. Das war noch richtig und vernünftig. Dann wollen wir von dort direkt zur Hardtkapelle wandern, und das ist unvernünftig, denn wir enden zum zweiten Mal in der Walachei. Kreuz und quer marschieren wir durch den Wald, durch sumpfige Wiesen, über Bäche und haben zum Schluß sogar die Richtung verloren. Gegenseitige Schuldzuweisungen nach den Gründen für unser zweimaliges Verlaufen führen uns nicht weiter und werden bald eingestellt.

Schließlich kommen wir erschöpft, nass, lehmbeschmiert und mit zerrissener Hose endlich auf die Straße und sind nun - nach vier Stunden - wieder kurz vor unserem Auto. Gut, dass es im Juni so lange hell ist!

Der Verdruß ob des Verlaufens verfliegt angesichts eines roten Blumenteppichs links von uns auf der Wiese, 150 oder 200 m nach der Hardtkapelle. So müde wir inzwischen auch sind, wir müssen den Teppich näher anschauen. Da blühen sie zu Hunderten, die bezaubernden roten Sumpfgladiolen, gemischt mit der bizarren, weißlich gelben Sumpfstendelwurz. Morgen früh wollen wir noch einmal hinfahren und ein paar Aufnahmen im Morgenlicht machen. Im Augenblick aber verlangt es uns nur nach Hause, einer Radlermaß und einer heißen Dusche, um dem Muskelkater vorzubeugen.

Das war wieder einmal ein Tag im Pfaffenwinkel, den wir nicht vergessen werden!

98

Frauen im Pfaffenwinkel

Je länger ich im Pfaffenwinkel daheim bin, desto mehr habe ich Respekt vor den Frauen im Pfaffenwinkel, ihren wechselvollen Schicksalen, der Art und Weise, wie sie mit Schicksalsschlägen fertig werden oder geworden sind, was sie in schwierigen Situationen unternehmen oder was sie daraus machen und wie sie bestehen in unserer Welt.

Der oberflächliche Beobachter mag sagen, dass sie von Flucht oder Bombenangriffen im Kriege fast alle verschont worden sind und dass sie es schon deshalb besser als alle Frauen gehabt haben, denen das nicht erspart geblieben ist. Er mag denken, dass es im Pfaffenwinkel noch genau so zugeht, wie zu Anfang oder in der Mitte dieses Jahrhunderts. Das stimmt aber nicht. Auch bei uns wandelt sich die Welt, und die Frauen müssen sich mit ihr wandeln, wenn sie bestehen wollen.

Wenn man wie wir gern zu Festumzügen und Prozessionen geht und einfach nur am Wegesrand steht und schaut, gelegentlich auch filmt oder fotografiert, fallen einem vorzugsweise bei den Frauen über 40 mit dem dunklen Mieder und den hellen oder dunklen Seidenschürzen die markanten Köpfe unter den breitrandigen schwarzen flachen Hüten und dem langen Band dahinter schon besonders auf. Man schaut dabei nicht nur auf die meist üppigen, kunstvoll geflochtenen Haare mit den Silbernadeln, die solches Kunstwerk wohl zusammenhalten. In die Gesichter schauen wir mit den ausdrucksvollen Mündern, den hohen Stirnen und den oft schönen, geschwungenen, gar scharfen Nasen, und vor allem die Augen schauen wir an, die selten der Brille bedürfen. Dafür schauen sie scharf, wissbegierig bis neugierig und oft auch fröhlich in die Welt. Man glaubt gleich, dass ihnen nicht viel entgeht. Stattlich sind die meisten unserer Bauersfrauen, und sie betonen die Stattlichkeit ja auch noch durch die miedergestützten Balkone am Busen, wenn sie ihre Festtagsdirndl mit roten Blumen schmücken wie ihre Balkone daheim im Hof. Da möchte man gern mit jeder reden und die Umstände erfragen, die zu Runzeln, Falten, aber auch den Lachfältchen um die Augenwinkel oder die vergnügten nach oben zeigenden Unterlippen geführt haben. Das tut man natürlich nicht. Mit dem Reden und Erfahrenwollen ist es bei uns sowieso schwierig. Der, der gezielt fragt, bekommt wenig Auskunft. Schicksale und Begebenheiten aus dem Leben erschließen sich bei uns eher zögernd und verhalten, und es braucht manchmal Jahre, ehe man etwas Neues erfährt. Einzelne Begebenheiten erfährt man sowieso eher zufällig. Wie bei einem Puzzlespiel kann man dann manchmal verschiedene Stücke finden und zusammensetzen, die zueinander passen und ein Bild ergeben.

Als ich die alte Frau Schägger, die Mutter meines späteren Jagdfreundes Theo, zum ersten Mal traf, sah ich zunächst nur eine abgearbeitete Bäuerin, zwar mit erstaunlich gütigen Augen, aber auch mit tiefen Kerben um den Mund und unübersehbaren Sorgenfalten auf der Stirn. Sie war zunächst nur verhalten freundlich zu mir. Erst beim dritten oder vierten Besuch wurde ich zu einer Tasse Kaffee, köstlichem Kuchen und viel später erst zur Brotzeit eingeladen. Was aber hatte die Elisabeth Schägger auch hinter sich! Tod des Bauern zum Ende des 2. Krieges, so daß sie als arg junge Frau allein mit ihrem einjährigen Buben plötzlich vor zwei Höfen stand, die es zu bewirtschaften galt. Die Einstellung einer bezahlten Hilfskraft gab der Betrieb nicht her. Nachbarn halfen nur in Notfällen. Wenig Rücksichtnahme von der Verwandtschaft, die sich gern beide Höfe unter den Nagel gerissen hätte. Widerstand der Schägger-Bäuerin gegen die Verwandtschaft und der eiserne Wille, das fast Unmögliche zu schaffen, dem Buben den Besitz zu erhalten, ihn gar zu mehren, wo dies möglich war. Belohnt durch das Glück, dass der Bub sich auch ohne Vater gut entwickelt und sie ihm früher als üblich beide Besitzungen anvertrauen kann. Was aber dabei auf der Strecke blieb an Privatleben, an nicht aussprechen, sich nicht mitteilen können, niemanden so recht um Rat fragen können, Verantwortung allein tragen müssen, davon sprachen, als ich sie kennenlernte, nur die Falten in ihrem Gesicht. Und welche Herzlichkeit und Wärme zeigte sie mir dann doch unvermutet, als meine erste Frau plötzlich starb. Da gab es manch behutsames Wort und die Einladung zu den Mahlzeiten am großen Tisch in der Küche, um die ich froh war. Nur so und wie selbstverständlich. Die Elisabeth Schägger kam nicht zur Beerdigung meiner Frau, sie schickte auch keinen Kranz und keinen Beileidsbrief. Dafür lud sie mich mit ihren Angehörigen und meinen Angehörigen und Freunden in »ihre« Kirche ein, wo sie eine Messe lesen ließ. Wenig hat mich damals so gerührt und so gestärkt wie dieses Zeichen eines warmherzigen Menschen. Dazu öffnete es mir, dem Protestanten, den Weg zu den Tröstungen, die die katholische Kirche für ihre Gläubigen bereit hat.

Die tiefe Frömmigkeit der Frauen im Pfaffenwinkel hat mich seither oft angerührt. Man möchte diese Frauen beneiden um die Sicherheit, mit der sie in die Kirche gehen, sich zu ihrem Glauben bekennen, ihre Heiligen anrufen und ihrem Glauben leben. Als die Haunshofener Sängerinnen, die mir besonders ans Herz gewachsen sind, gemeinsam das Bundesverdienstkreuz erhielten, haben sie in Haunshofen keinen großmächtigen

Drei Trachtlerinnen in Antdorf

Empfang oder ein Essen gegeben. Sie sind stattdessen mit ihren Instrumenten und einem sachkundigen Führer nach Israel gefahren, was für zwei von ihnen die erste Flugreise überhaupt war. In Israel haben sie einen VW-Bus gemietet und sind bedächtig die heiligen Stätten abgefahren, die ihnen vom Neuen Testament her vertraut und bekannt gewesen sind. Dort sind sie dann jeweils ausgestiegen, haben sich an den See Genezareth oder vor die Kapelle von Bethlehem oder die anderen Plätze aus Christi Leben gesetzt und haben zu ihren Instrumenten Lieder gesungen, die zu den Orten gepaßt haben. Da wäre ich gerne dabei gewesen. Aber sie haben ja nicht einmal ihre Ehemänner mitgenommen, weil die daheim nach dem Vieh schauen mussten.

Nicht nur wegen ihrer Frömmigkeit und ihrer Musikalität mag ich die Frauen im Pfaffenwinkel so gern, obwohl es bewunderungswürdig genug ist, dass in jedem zweiten Hof ein oder mehrere Instrumente gespielt werden oder gesungen wird. Einfach weil es Freude macht, ganz sicher nicht, weil man damit protzen oder gar Geld verdienen will. Die tüchtige Frau Hausner, von der schon öfter die Rede war, weil sie auch so eine bemerkenswerte Frau im Pfaffenwinkel ist, hat kaum Schwierigkeiten, wenn in Pollingsried musiziert werden soll: Da kommen die Ohlstädter, die Eberfinger, die Frauenrainer, die Magnetsrieder und die Marnbacher Frauen nach Pollingsried. Freilich sind auch Männer dabei, aber die Frauen sind in der Überzahl. Als wir heuer zum 50jährigen Jubiläum der Haunshofener Sänger und Sängerinnen in Bauerbach, gleich danach zu einem alpenländischen Singen beim 80jährigen Bestehen des Trachtenvereins »Die Waxnstoaner« und davor noch zu einer ebensolchen Veranstaltung in der Kirche von Pollingsried eingeladen waren, haben wir uns wieder einmal davon überzeugen können, wie musikalisch und musisch die Frauen hier sind. In manchen Höfen, wie beim Sappl in Gröben, können die eigenen drei Töchter schon als Instrumentengruppe mit Hackbrett und Gitarre auftreten. Daß die tüchtige Bäuerin dort nicht nur die normale Stallarbeit macht, was einen Bauernmenschen schon ausfüllen könnte, sondern daneben ein Bauernbrot backt, das nicht öffentlich verkauft, sondern nur unter der Hand als Geheimtipp gelegentlich abgegeben wird, empfindet sie als nichts Besonderes. Dazu muß sie ihre Töchter zu den jeweiligen Musikstunden kutschieren und vermietet noch drei blitzsaubere Ferienwohnungen an Sommerfrischler, die sich bei ihr so wohl fühlen, dass die Wohnungen im Frühjahr und Sommer meist ausgebucht sind. Sie ist stets vergnügt und für einen gemütlichen Ratsch zu haben, wenn man sie zur rechten Zeit trifft. Die Ferienwohnungen sind ja überhaupt etwas, wofür den Frauen im Pfaffenwinkel ein besonderes Lob gebührt. Was es heißt, neben der Arbeit noch so eine Art kleines Hotel oder eine Pension zu führen und zu unterhalten, und wie viel Arbeit mit zum Teil recht verwöhnten und anspruchsvollen Gästen damit verbunden ist, wissen die Frauen selbst, aber sie reden im Gegensatz zu mir nicht davon. Natürlich zeigen sie mir auch ihre Bücher nicht. Ich glaube aber, dass so mancher unserer stolzen Höfe nur durch dieses zweite Bein am Leben bleibt und zumindest mancher Gamsbart und manches Trachtengwand der Männer von den Zweiteinnahmen ihrer Frauen finanziert worden ist.

Langsam erobern sich die Frauen im Pfaffenwinkel auch Positionen, die früher ausschließlich den Männern vorbehalten waren. Seeshaupts zweiter Bürgermeister ist schon eine Frau, die umtriebige Frau Leininger, die auf dem Wochenmarkt in Seeshaupt Brot und selbstgemachte Butter verkauft. Im Schützenverein Hohenkasten haben wir in Frau Gattinger vom Tradlenz eine weibliche Kassiererin, die nebenbei auch zwei Ferienwohnungen betreut, die Stallarbeit macht, ganz gelegentlich traumhafte Dirndl schneidert und ebenfalls ihre zwei Töchter, die in der Ausbildung sind, durch die Gegend kutschiert.

102

Annelies Schweyer während ihrer Rede in Weilheim

Die Frau unseres Bürgermeisters in Antdorf schließlich ragt nicht nur als Eier- und Brotproduzentin heraus. Frau Schweyer ist auch Ortsbäuerin und Mitinitiatorin und Vorsitzende der Bewegung »Stadt und Land - Hand in Hand«. Als im letzten Jahr in Weilheim auf dem Marktplatz eine Großveranstaltung unter dem Motto ihrer Bewegung stattfand, hielt sie eine vielbeachtete Rede, übrigens ohne jedes sichtbare Zeichen von Aufregung oder Lampenfieber. Wenn man sie näher kennt, kommt am Ende doch etwas Stolz heraus. Stolz darauf, dass sie all dies geschafft hat, obwohl sie als junges Mädchen noch in eine einklassige Volksschule hat gehen und sich dort hat ausbilden lassen müssen.

Auch in der hohen Politik, im Landtag in München, sind Frauen aus dem Pfaffenwinkel vertreten. Die Abgeordnete Anna Dodell stammt aus dem winzigen Ort Eichendorf zwischen Eberfing und Seeshaupt und weiß ein Lied davon zu singen, was es in ihrer Schulzeit bedeutet hat, bei jedem Wetter bis zur Schule nach Eberfing radeln zu müssen. Sie fehlt bei keiner festlichen Veranstaltung im Pfaffenwinkel, wie bei der Einweihung der renovierten Kapelle von Wolfetsried, der Erinnerung an das 100Jahr-läuten in Eichendorf, den Pollingsrieder Gedenkgottesdiensten, dem Aufrichten des Maibaums in Bauerbach. Um die Aufmerksamkeit der Menschen auf den vernachlässigten Beruf der Kellnerin zu richten, hat sie neulich sogar einen Tag lang in Hohenpeißenberg mit Bravour bedient und zwar - wic ich sie kenne - bescheiden und gekonnt. So jemanden wählt man doch gern wieder, weil man sicher sein kann, daß sie die Probleme im Pfaffenwinkel kennt und für ihre Leut' da ist, wenn sie sie brauchen.

Auch in der Kirche ist es nicht mehr so wie früher, als es »Mulier tacet in ecclesia« hieß. Wer der Schwester Irmingard von den Benediktinerinnen in Bernried zugehört hat, als sie beherzt auf die Kanzel und ans Mikrofon der Klosterkirche ging, um eine Laudatio auf den Bürgermeister Walter Eberl zu halten, der dort seinen 70jährigen Geburtstag feierte, glaubt ihr, dass sie auch eine sehr umsichtige und geschickte Leiterin der ihr anvertrauten Mitschwestern, und was ja ebenso wichtig ist, des gesamten Betriebes um das Kloster ist. Ohne die vielen Mesnerinnen im Pfaffenwinkel schließlich könnten die ohnehin immer spärlicher gesäten Pfarrherrn ihre Arbeit nicht verrichten. Von wie vielen Mesnerinnen in

Maiandacht Hardtkapelle; Annelies Zach

wie vielen Orten im Pfaffenwinkel haben wir uns in den letzten sieben Jahren »ihre« Kirchen und Kapellen aufschließen lassen. Fast immer blieb es nicht beim Aufschließen allein, sondern es wurde meist eine Geschichte daraus, mit subtilen Kenntnissen über die Entstehungsgeschichte und historische und kunstgeschichtliche sowie künstlerische Hintergründe.

Auch mit weiblichen Unternehmern, die mit ungewöhnlichen oder gewagten Marketingrezepten Erfolge erzielen, kann der Pfaffenwinkel aufwarten, wenn sie auch meist nicht unbedingt bei uns geboren sind. »Meine« Buchhändlerin, die tüchtige Frau Lejeune-Jung, hat es zum Beispiel in weniger als drei Jahren geschafft, aus ihrer Buchhandlung in Seeshaupt so etwas wie ein kleines Kulturzentrum in einem Dorf zu schaffen, in dem es vorher noch nie eine Buchhandlung gegeben hat. Ihre Vernissagetermine, in denen sie Fotografen und Maler ausstellen und Autoren oder bekannte Schauspieler aus ihren oder anderen Werken lesen lässt, sind schon für die nächsten zwei Jahre ausgebucht. Zudem hat sie ein Großteil der Bücher, die sie verkauft, selbst gelesen und kann ihre vielschichtige Kundschaft daher so kompetent und sachkundig beraten, wie wir es in der Großstadt München kaum mehr erleben.

Von der Inhaberin der Lauterbacher Mühle, die in über 40 Jahren harter Arbeit mit Hingabe, Intuition und Einfühlungsvermögen aus einem kleinen, unbekannten Sanatorium für Kenner eine in der ganzen Bundesrepublik hoch renommierte Klinik für Herzkranke geschaffen hat, ist in meinem vorherigen Buch schon die Rede gewesen. Wie ihre Persönlichkeit dieser Klinik immer noch ihren unverwechselbaren Stempel aufdrückt, das habe ich nicht nur bei hervorragender ärztlicher Betreuung, Verpflegung, Massagen und Schwimmen im geheizten Schwimmfreibad am eigenen Leibe erfahren dürfen. Hinzu kommt ja noch, dass dort viel für die Gesundung der Seele getan wird, angefangen von autogenem Training über Tai Chi bis zum Töpfern, Malen und Traumdeuten, wenn man es denn nötig hat. Selten nur ist ein Blick hinter die Kulissen möglich und erlaubt: Aber eine Klinik, in der es seit vielen Jahren, ja sogar Jahrzehnten, keinen Chefarzt, sondern fünf oder sechs gleichberechtigte Ärzte gibt, die sich nicht befeinden, sondern ergänzen und ein echtes Team bilden, das muss einer Klinikleitung doch erst einmal einfallen, das muß umgesetzt und dann wieder zum Wohle der Patienten und der ganzen Atmosphäre des Hauses praktiziert werden.

Das und vieles mehr noch ließe sich von den Frauen im Pfaffenwinkel erzählen. Sie sind fast ein eigenes Buch wert. Das wollen sie wohl ganz sicher nicht, und wahrscheinlich ist ihnen diese Geschichte schon zu viel.

Wie wir auf dem Schillersberg immer autarker werden

Unser Lebensmittelhändler in München begann vor drei oder vier Jahren, spürbar unfreundlicher zu uns zu werden. Er hat uns gerade noch »Grüß Gott« gesagt, wenn Anemone ihr Joghurt geholt und andere Einkäufe gemacht hat. Das wurde so komisch, dass wir ihn schließlich gefragt haben, was er denn eigentlich gegen uns hätte. Da kam es verdrückt aus dem rechten Mundwinkel unter dem schwarzen Tatarenschnurrbart heraus, dass er beleidigt war, weil er glaubte, wir hätten eine neue Einkaufsquelle aufgetan, da wir im Vergleich zu früheren Jahren viel seltener und viel weniger bei ihm einkaufen würden. Da hat es uns gedämmert, dass wir immer autarker werden, seit wir den Schillersberg intensiv an jedem langen Wochenende und in den Ferien nutzen.

Es ist wirklich erstaunlich, was die Natur - die ungezähmte und die gezähmte - einschließlich unserer Nachbarn uns im Pfaffenwinkel alles bescheren. Wenn man dazu noch zwei Tiefkühltruhen besitzt und über einen sehr kühlen Keller verfügt, braucht man tatsächlich bei weitem nicht mehr so viel in München einzukaufen wie früher.

Die autarke Versorgung beginnt mit Fleisch und Fisch: Ein bis zwei selbstgeschossene Stück Rehwild für die Kühltruhe sind viel für zwei Personen, auch wenn hin und wieder Gäste ins Haus stehen. Dann ist eine Keule für ein Abendessen gerade genug. Der Aufbruch, also Herz und Leber, gehört ohnehin dem Jäger. Da kommen gut und gern fünf bis sieben Mahlzeiten im Jahr zusammen, und wir essen ihn besonders gern.

Ab Ende Juni bis in den Herbst hinein können wir leicht zweimal in der Woche, im Urlaub manchmal auch dreimal, von unseren selbstgefangenen und dann im Abu-Räucherofen schnell geräucherten Bach- oder Regenbogenforellen leben. So etwas Köstliches gibt es in keinem Wirtshaus! Die Kartoffeln dazu liefert unser Garten, den wir dem Unkraut und den Schnecken abgetrotzt haben und täglich abtrotzen müssen. Er versorgt uns auch mit Salat, Erdbeeren, Erbsen, Kohlrabi, köstlichen Tomaten, Zucchini und Gurken. Nicht einmal Zitronen kaufen wir mehr, seit wir die Forellen mit unserer eigenen Petersilie ausstopfen und ein paar Stengel Zitronenmelisse dazugeben. Später im Jahr, ab Mitte/Ende Juli, beginnt bei uns die Schwammerlsaison. Obwohl ich kein Freund allzu frühen Aufstehens zum Zwecke des Schwammerlsuchens bin: eine Mahlzeit bringe ich nach einer Stunde fast immer heim, wenn auch die gierigen Frühaufsteher die Steinpilze und die Rotkappen dann oft schon abgeerntet haben. Es ist merkwürdig, wie wenig Pilzsucher den Blutreizger kennen und nehmen, der eine so herrliche Suppe gibt und nach einem warmen Regentag in verschwenderischer Fülle bei uns wächst. Auf ein paar Plätzen im Wald weiß ich den nach Anis duftenden Waldchampignon. Die meisten lassen ihn stehen, weil er leicht mit dem Knollenblätterpilz verwechselt werden kann. Auch der Parasol wächst um diese Zeit und oft am gleichen Ort. Statt Pfifferlingen, die es fast nicht mehr gibt, finde ich den Semmelstoppelpilz, den Hirschpilz, den wohlschmeckenden grünen Täubling, Ziegenbart, den Flaschenbovist und als letzten Pilz der Saison den Schopftintling, der, zur rechten Zeit gepflückt und zubereitet, besonders gut als Suppe schmeckt.

Um die Zeit des Frühherbstes und Herbstes hebt bei uns sowieso das große Ernten und Einmachen an. Zuerst mit den roten und schwarzen Johannisbeeren und den Mirabellen, die man lange genug am Baum lassen muss, weil sie dann mit jedem Tag süßer werden; dann folgen Pflaumen und Zwetschgen, in manchen Jahren herrliche Birnen. Äpfel kann man nicht nur vom Baum essen sondern auch bis in den Februar bei uns lagern. Beim Bürgermeister von Antdorf kann man daraus auch Apfelsaft pressen lassen. Die Flaschen halten, richtig eingekocht, bis zur nächsten Ernte , wenn sie nicht - weil sie gar so gut schmecken - vorher leergetrunken werden. Marmelade haben wir schon lange nicht mehr gekauft, höchstens die feine bittere Orangemarmelade aus Südafrika, die wir nicht selbst herstellen können.

Das alles reicht natürlich nicht, so schön es auch ist, für eine autarke Wirtschaft. Wir fassen den Begriff auch weiter. Die Tauschwirtschaft, die wir im Pfaffenwinkel betreiben oder mit uns betreiben lassen, verhilft uns zu größerer Autarkie und dem Lebensmittelhändler in München zu

Petri Heil. Starke Bachforelle

weiterem Kummer. Der Maier Sepp und die Alexandra, aber auch mein Jagdherr, ich sagte es schon, haben gelegentlich ihre Anstände mit Behörden, Ämtern, zahlungsunwilligen Abnehmern oder schlecht oder fehlerhaft leistenden Lieferanten. Was liegt für sie näher, als mich darum zu bitten, die dann notwendigen Briefe zu schreiben. Oft sind sie erfolgreich und sorgen dafür, dass hier ein Bußgeldbescheid gemildert oder gar ein Verfahren eingestellt, ein Mahnbescheid gegenstandslos wird, ein säumiger Schuldner zahlt oder ein schlechter Lieferant auf Zahlung verzichtet. Für mich sind's erfreuliche Übungen, die mir manchmal beweisen, dass das, was ich auf der Universität und in der Referendarzeit gelernt habe, doch noch gilt und nützt. Meinen Freunden im Pfaffenwinkel kann ich so oft Ärger und Kosten ersparen. Ich berechne freilich für solche Arbeit nie etwas. Erstens wäre es wahrscheinlich standeswidrig, zweitens widerstrebt es mir auch sonst.

Aber wenn die Alexandra uns ganz frische Eier von ihren Hühnern liefert oder wenn sie uns großzügig an ihrem Ziegenkäse partizipieren läßt, dann sagen wir natürlich nicht nein. Wenn der Sepp ein Kalb schlachtet, weiß er, mit welchen Teilen er uns eine besondere Freude machen kann. Für Kalbskotelett und Rollbraten sind wir dankbare Abnehmer. Wenn

108

Schwammerlzeit

die Frau vom Theo uns unversehens eine Plastiktüte mit Fleisch, einen selbstgebackenen Kuchen oder gar Weihnachtsplätzchen in die Hand drückt, wissen wir, dass uns weder Schnitzel noch ein Filetstück beim Metzger und ganz sicher kein Kuchen vom Bäcker so gut schmecken würde.

Auch meine Schriftstellerei wird inzwischen ab und zu Bestandteil unserer Tauschaktionen. In jedem Jahr schreibe ich z.B. unsere Wanderungen und Radltouren auf. Die dabei entstehenden kleinen Büchlein mit einer Wanderkarte für jede Tour sind bei allen Bauern im Umkreis beliebt. Sie vermieten ja an Fremde im Rahmen der Aktion »Ferien auf dem Bauernhof«, und diese Fremden wollen sich bewegen, radeln und wandern, wenn ihnen danach ist und das Wetter passt. Da lohnt sich schon eine kleine Wanderbibliothek vom Gerstein im Schrank. Für so ein Büchlein ist selbstgebackenes Brot vom Steidl, Honig von der Frau Sappl oder Blut- und Leberwürste und selbstgemachte Butter von Frau Gattinger ein stets willkommenes Honorar. Wenn wir gar in Wirtschaften einkehren, die im Büchlein lobend erwähnt wurden, schaut manchmal eine Mahlzeit oder wenigstens ein Obstler zur Verdauung für das Autorenpaar dabei heraus. Da wir auch den Weihnachtsmarkt in Pollingsried mit

Reiche Ernte im Spätsommer

diesen Büchlein und mit selbstgefertigtem Rumtopf von Anemone versorgen, zeigt uns die Hausnerin ihre Dankbarkeit mit köstlichem Schwarzgeräuchertem, das es so gut beim Metzger nicht gibt. Sie macht uns wohl auch ein ganzes junges Wildschwein, das wir Jäger Überläufer nennen, kühltruhenfertig, wenn ich das Glück habe, eines in Hessen bei der Jagd zu erlegen. Der Seppi, ihr Enkelsohn, ist zudem ein großer Abnehmer meiner ausgelesenen Jagdzeitungen. Dafür hat seine Mutter mir sogar einen Standplatz für Rotkappen verraten und uns mit eingelegtem Kürbis versorgt. Man sieht also, es geht uns nicht ganz schlecht im Pfaffenwinkel.

Unser Lebensmittelhändler in München wird leider weiterhin mit seinem schwarzen Verdacht leben müssen. Nahebringen können wir dem »Stadtmenschen« unsere erfolgreichen Autarkiebestrebungen wohl schwerlich.

Die stade Zeit

Es gehört fast zum guten Ton für einen gestandenen bayerischen Schrift-steller, in der Adventszeit der »staden Zeit« nachzuweinen, obwohl es die wahrscheinlich nie gegeben hat. Hektisch gehe es zu in dieser Zeit, schreiben sie und schimpfen über die Kaufhäuser und Geschäfte in den Städten, in denen es manchmal schon im Oktober, spätestens aber im November zugehe wie drei Tage vor Heiligabend.

Wer treibt da eigentlich wen? Der Kunde den Lieferanten? Der Liefe-rant und Fabrikant den Kunden? Die Konkurrenz die Konkurrenz?

Als wir zur Wies'n-Zeit in München in unserer Stammtankstelle die ersten Lebkuchen in weihnachtlicher Verpackung entdeckten, waren wir so entsetzt, dass wir den Inhaber gefragt haben, ob das denn sein müsse. »Ja mei«, hat er gesagt, »ich mag es auch nicht, aber unser Vertrag mit der Shell AG ist so streng, dass wir Minuspunkte bekommen, wenn wir ihre Ware nicht zur vorgeschriebenen Zeit ins Geschäft stellen. Morgen kommt der Kontrolleur, ich hab's zufällig gestern erfahren. Was soll man bei so viel Unvernunft der Großen noch sagen?«

Adventsmarkt Pollingsried

Für uns selbst schaffen wir es aber, ehrlich gesagt, auch nicht, die »stade Zeit« einzuhalten, ab ersten Advent wirklich leiser zu treten und uns vier Wochen lang auf die wichtigeren Dinge des Lebens zu besinnen. Immer bleibt im Laufe des Jahres so viel liegen, was »vor Weihnachten« noch erledigt werden soll oder muss oder sollte oder müsste. Von der Vorbereitung der Steuererklärung angefangen über längst fällige Einladungen und Besuche, Weihnachtsfeiern und - ja natürlich auch den Einkauf der Geschenke für Kinder, Verwandte, Freunde und Bekannte. In jedem Jahr nehmen wir uns vor, die unsinnige Schenkerei zu vermindern oder gar ganz einzustellen. Wir schaffen es nie. Und das letzte Päckchen, der letzte Brief gehen, geheimnisvollen Gesetzen folgend, doch wieder erst am 23.12. zur Post.

Die wenigen Male aber, wo wir doch wenigstens einen Zipfel vom Mantel der staden Zeit erhaschen, sind Advents-, Christkindl- oder Weihnachtsmärkte bei uns im Pfaffenwinkel, das Adventssingen in Bauerbach und der Heilige Abend selbst.

Keinen Weihnachtsmarkt möchten wir missen, obwohl das oft schon wieder Stress bedeutet, weil es ja nur vier Adventswochenenden gibt. Jeder Markt folgt bei uns seinem oft althergebrachten Brauch oder

Adventsmarkt Pollingsried

Brauchtum. Die Seeshaupter machen den Anfang. Sie haben ihren Markt schon am ersten Advent auf dem großen Parkplatz vor dem Schulhaus, wo sonst der Bauernmarkt stattfindet und im Sommer beim Volksfest das Festzelt steht. Zuerst gehen wir dort immer zur lebenden Krippe mit dem sieben- oder achtjährigen Heiligen Paar und dem wächsernen Jesuskind in der Krippe selbst. Sie sitzen - meist bibbernd vor Kälte - vor einem richtigen Stall, wo Ochs und Esel ihnen über die Schulter schauen und daneben ist gar ein Pferch mit lebenden Schafen, die blökend am großen Ereignis teilnehmen wie vor 2000 Jahren. An Hirten fehlt es allerdings. Vielleicht ist den Schulkameraden des Heiligen Paares diese Statistenrolle zu gering. Statt dessen vergnügen sie sich damit, Maria und Josef mit Schneballen in ihrer Andacht zu stören, wenn es wie manchmal Schnee am ersten Advent hat. Auf diesem Markt kann man nach dem Betrachten der Krippendarstellung den Adventskranz für den Tisch und die Misteln für den Türstock kaufen. Man kann auch die Werke der Seeshaupter Künstler bewundern. Moderne oder weniger moderne Gemälde gibt es anzuschauen, Kitsch und Kunst gilt es zu unterscheiden. Handgearbeiteter schöner Schmuck ist in jeder gewünschten Preisklasse zu erstehen, und wenn der Hunger einen überkommt, gibt's zum Wohl der freiwilligen Feuerwehr frisch gebackene Reiberdatschi am Stand vom Schwaighofer. Holzspielzeug, Honig, Wachskerzen, Butter, Brot, Glühwein sind im Angebot und die Blaskapelle lädt zum Verweilen ein, wie die vielen Bekannten, die wir dort immer treffen. Alles wickelt sich ohne Hektik ab und keiner, der etwas kaufen möchte, muss fürchten, zu kurz zu kommen oder Angst haben, dass ihm ein anderer etwas wegnimmt.

Exklusiver und viel seltener als der Seeshaupter ist der Bauerbacher Weihnachtsmarkt oder Christkindlsmarkt, den wir erst einmal erlebt haben. Da hat man in der geräumigen Tenne vom Steidl in Bauerbach und davor das Gefühl, als hätte jeder im Dorf monatelang hingearbeitet, um diesen Markt zu einem einmaligen Erfolg zu machen. Vater Zach aus Haunshofen hat in mühsamer Handarbeit ganz sinnvolle hölzerne Vogelfutterhäuser gebastelt, von denen wir gleich eins kaufen würden, wenn wir nicht schon zwei hätten. Die Advents- und Türkränze sind, ein jeder für sich, kleine Kunstwerke, und das gilt auch und besonders für die wächsernen Engel und Christuskinder in kunstvollen Krippen und für die wächsernen Bildstöcke aller Größe. Sogar Postkarten mit Motiven aus Bauerbach und künstlerische Buchzeichen gab es beim letztenmal. Man muß sich in jedem Jahr wieder darüber wundern, wie viel Kunstverständnis und handwerkliches Geschick hinter den alten Häusern mit den blumengeschmückten Balkonen daheim ist. Auch ich habe ein paar meiner Bücher »Liebe zum Pfaffenwinkel« als Geschenk für den Christkindlsmarkt beigesteuert und mich gefreut, als sie schnell verkauft wurden, denn der ganze Erlös fließt in die Renovierung der Bauerbacher Kirche.

Nach dem seltenen Christkindlsmarkt in Bauerbach kommt am 2. Advent Pollingsried mitten im Wald, mit Adventssingen und dem Schmankerlmarkt, den die Hausnerin alle Jahre »zum letzten Mal« ausrichtet, weil sie sich selbst so viel Arbeit damit machen muss. Außerdem ärgert sie sich darüber, dass ihre Mühe nicht genug anerkannt und die Hilfe von den Nachbarn nach ihrer Meinung zu spärlich geleistet wird. Zu guter Letzt aber organisiert sie mit den hilfswilligen Nachbarn das Adventssingen doch wieder. Da gibt es neben einer Stunde wirklicher Andacht und »Stadsein« im Kircherl von Pollingsried, neben dem Wiedersehen mit vielen Freunden auch hier Geselchtes und Gebackenes von der Hausnerin und den Bäuerinnen aus Eichendorf und Eberfing. Anemone steuert, nun schon aus Tradition, Rumtopf und ich meine Wanderbücher bei. Nach dem Adventssingen kommt der Niklaus mit gewaltigem Rauschebart und zwei Engeln im Gefolge je nach Wetter im Schlitten oder mit der Pferdekutsche. Dann werden die Kinder in der Kirche beschert. Der Erlös der ganzen Veranstaltung, so zwei- bis dreitausend Mark sind es dann doch immer, geht ebenfalls in die Erhaltung der Kirche.

114

Auch in Iffeldorf laden sie vor der St.-Vitus-Kirche zum Iffeldorfer Christkindlmarkt ein. Wer jetzt noch keinen Weihnachtsbaum hat, kann sich hier einen kaufen und sicher sein, dass der nicht aus Dänemark kommt und vielleicht schon vor Monaten geschlagen wurde, sondern frisch aus den Wäldern um den Ostersee stammt. Die Iffeldorfer verstehen sich auch aufs Brotbacken, machen u.a. ein köstliches Schmalzbrot, das wir uns niemals entgehen lassen. Auch die Wirtin aus dem Gasthof zur Post gegenüber läßt sich auf dem Markt sehen und kauft frisch gebackene Waffeln: So gut ihre Küche auch ist, so etwas schmeckt frisch vom Christkindlsmarkt am besten.

So war es bis 1999. Im neuen Jahrtausend ist das gemütliche Gasthaus ein Opfer des Erwerbssinns der Münchner Brauerei geworden, die das Haus einer wissenschaftlichen Station verkauft hat, die es umbaut und dann Wasser, Fauna und Flora der Osterseen untersucht.

Auch hier in Iffeldorf herrscht keine Hektik, und wir freuen uns daran, während wir uns mit Glühwein stärken.

Den Habacher Weihnachtsmarkt haben wir, zunächst bei strömendem Regen nach einem langen Spaziergang um die Weiher, heuer zum ersten Mal besucht. Er ist wieder ganz anders. Sehr geprägt von der Ausstellung und dem Verkauf einheimischer handwerklicher Arbeiten, von holzgeschnitzten Krippenfiguren über Keramik und originellen hölzernen Tierfiguren für die Kleinen. Um die Adventszeit tut es uns immer besonders leid, dass wir selbst keine Kinder haben. Aber dafür haben wir nun Großnichten und -neffen, die sich über Mitbringsel aus Bayern freuen.

Eines haben alle diese Märkte gemeinsam: es sind herrliche Begegnungsstätten für Freunde, Verwandte und Bekannte, es geht nie hektisch zu, und fast jeder nimmt sich Zeit für ein gutes nachbarliches Wort. Dass nicht nur der Kommerz vorherrscht, sondern mit dem Kaufen oft noch ein guter Zweck verbunden ist, prägt die Atmosphäre. Auch dass die Märkte nicht für die Fremden, sondern in erster Linie für die Menschen am Ort organisiert sind, spürt man. Wobei die Fremden, so sie Freude am Pfaffenwinkel haben, herzlich aufgenommen werden. Mit jedem Standlinhaber wechselt man freundliche Worte nach dem Woher und Wohin, und jeder freut sich, wenn man seine Kunst lobt, wie sie es verdient.

Uns bringen diese Besuche, die nichts mit dem hektischen Christkindlmarktsgetriebe in München und Nürnberg gemein haben, einen Mantelzipfel der staden Zeit - spätestens wenn wir daheim all die überflüssigen Dinge auspacken, deren Kauf wir einmal mehr nicht widerstehen konnten.

Wirklich stad ums Herz wird uns spätestens dann, wenn wir am vierten Advent abends um acht Uhr unseren Platz in der eiskalten Dorfkiche von Bauerbach gefunden haben, »unsere« Musikergruppen sich warm vermummt mit ihren Instrumenten vor dem Hochaltar aufstellen, Paul Rattelmüller mit sonorer Stimme aus dem Lukas-Evangelium liest, Baßgitarre, Hackbrett, Flöten und Harfen ihre Töne zum Hochaltar hinaufperlen lassen und die vertrauten Stimmen der Haunshofener Sänger und ihrer Freunde erklingen. Dann sind wir daheim.

Noch so eine Stunde gibt es vor den Feiertagen: Wenn wir am 24.12. morgens durch das Jagdrevier wandern, die Fütterungen für unsere Rehe beschicken und den Meisen einen Extraknödel an die Fichtenzweige hängen. Dann kommt wirklich Weihnachtsstimmung in uns auf und wächst, bis wir um halb fünf die Sapplkinder in ihrem Hof abholen und mit ihnen zum Kindergottesdienst nach Antdorf oder nach Frauenrain in die Kirche fahren. Da machen wir dreifach Freude: Den Sapplkindern, weil ihr Hof ein paar Kilometer von der Kirche entfernt liegt und sie wegen der Stallarbeit der Eltern bisher nie mit ihren Schulfreunden und -freundinnen um fünf Uhr im Gottesdienst beieinander sein konnten. Den Eltern, weil sie wenigstens auf fast zwei Stunden ihre Kinder gut »verräumt« wissen und die Bescherung vorbereiten können. Schließlich auch uns, weil in dieser Andachtsstunde all die vertrauten Lieder unserer Kindheit gesungen werden, und weil wir Kinder gern haben und der Kirchbesuch mit den Dreien uns noch mehr in die Gemeinde einbindet. In der Kirche ist es zwar nicht mehr stad, aber stad und erfüllt ist es in uns, und das ist das Schönste an der staden Zeit. Es gibt sie noch - jedenfalls im Pfaffenwinkel.

Zum Jahreswechsel

Gute Freunde hatten uns wieder eingeladen zur Silvesterfeier in München mit Konzertbesuch, üppigem Abendessen, Feuerwerk, einer großen Gesellschaft und Bleigießen. Wir haben diesmal »nein« gesagt und sind auf dem Schillersberg geblieben. Das war nicht freundlich gegenüber den Freunden, aber es war uns nach Besinnung, Dankbarkeit und Ruhe zu Mute. Zudem spüren wir, wie der Mittelpunkt unseres Lebens immer mehr von der Stadt aufs Land wandert, und so wollten wir gerade diese Nacht auch auf dem Lande und nicht in der Stadt verbringen. Am letzten Tag des Jahres habe ich mich darum um halb vier Uhr nachmittags auf meine Lieblingskanzel am Waldrand gesetzt und der Sonne zugeschaut, die langsam untergetaucht ist und mit ihren Strahlen mein Gesicht, meine Augen und Hände abgetastet hat. Ich habe die Augen vor ihrem Glanz schließen müssen.

Das fördert das Nachdenken, und es tut gut, wenigstens einmal eine kurze Weile im alten Jahr nichts zu tun, die Gedanken kommen und gehen zu lassen, darüber nachzusinnen, was ich gut und was ich nicht so gut gemacht habe. Erfolge und Misserfolge hat es gegeben, und natürlich weiß ich jetzt auch in dieser Stunde auf dem Hochsitz, was ich besser machen kann - und wohl auch, was ich besser machen werde. Da ist es ganz gut, dass das schwache Kitz, das Schmalreh oder der Hase, um derentwillen ich mich eigentlich auch heute hier hingesetzt habe, nicht kommen und mich nicht in Versuchung oder zum Erfolge führen. Statt dessen geht die Sonne ganz unter, steigt am Rappenhölzl der Nebel auf, ziehen ein paar Enten hoch oben am Himmel klingelnd dem Grünbach zu. Ich kann sie schon nicht mehr sehen, nur noch hören. Drüben an der Eichenkanzel ziehen nun zwei Stück Rehwild. Ja, wenn ich da gesessen hätte... Links von mir steht plötzlich ein einzelnes Stück: Bock, Schmalreh oder Geiß? Zu dunkel ist es bereits, ich kann sie nicht mehr ansprechen. Fuchs oder Hase könnte ich wohl noch mit Schrot schießen, dafür reicht das Licht noch ein paar Minuten. Sie verstreichen ohne Fuchs und Hase.

Eine Geiß mit zwei Kitzen zieht neben mir über die Wiese, aber es ist für einen sicheren Kugelschuß nun viel zu dunkel geworden. Dafür steht ganz waagerecht im Westen die schmale Mondsichel am Himmel, unter ihr leuchtet die Venus, und langsam füllt sich der Himmel mit den anderen Sternen. So steige ich ein wenig steifbeinig nach fast zweistündigem

Ansitz von der Kanzel, laufe langsam auf mein Auto zu und freue mich, als ich den Waldkauz höre. Der kann im Gegensatz zu mir auch im Dunkeln jagen. Das Auto führt mich zurück über die vertrauten Wege, ein Reh schafft es noch gerade, vor dem Wagen über die Straße zu wechseln. Gut, dass ich hier immer langsam fahre.

Am Schillersberg brennt schon der Kamin, hat Anemone den Tisch bereits festlich gedeckt. Wir ziehen uns um, denn halbwegs festlich gewandet wollen wir das alte Jahr schon verabschieden und das neue begrüßen. So macht es uns noch mehr Freude. Als wir gerade überlegen, ob man heute ausnahmsweise um halb sieben schon die erste Flasche öffnen soll, klopft es und die Alexandra kommt herein, unsere junge Ziegenbäuerin vom Schillersberg. Sie hat den Arm voller Ziegenkäse als Dankeschön für unser diesjähriges Christkindl, setzt sich gern an den Ahorntisch und hilft uns, die erste Flasche anzutrinken. »Aber nur oa Glasl«, sagt sie. »I hob scho was trunka - bei meiner neuen Putzstelle. Dort verdient sie sich das nötige Geld, um ihre Leidenschaft, den Ziegenstall, im bisherigen Umfang fortführen zu können. Mit blanken Augen erzählt sie von der Wunderwelt der reichen Leute, der sie mit ihren 24 Jahren zum ersten Mal begegnet ist. »Porzellanfiguren hab i abstaubn miassn. Anemone, I woaß net, ob Dir der Nama Meissn wos sagt. Nacher hab i oane hingschmissn. Hat die Chefin gsagt, ,Auweh Alexandra, do san sechshundertfufzig Markl beim Deifi'. I hobs net glaubn kinna, dass a so a kloane Figur so vui kost; aber na hob i in dem feinen Porzellangschäft in Penzberg gschaut. Pfeigrad steht so a Figur drin für 700 Markl. No hob i a Haftpflichtversicherung abgschlossn, woaßt, i bin ja ned bled.«
   Noch mehr Wunder gibt es in der Welt der reichen Leute. Viel Silber vor allem, das man oft putzen muß. 60 Leute laden sie zu Weißwürst am Neujahr ein, und sie haben so viele Teller, Besteck und Gläser, dass es für alle langt. »Musst Du servieren auch, Alexandra«, frage ich. Aber nein, dafür gibt es Geeignetere, nur »den Dreck wegmacha von die andern Leit am nächsten Tag, des is mei Sach«. Aber das macht ihr durchaus nichts. Sie ist froh, dass sie diesen Job für 17 Mark die Stunde hat und ein anständiges Weihnachtsgeld hat's auch gegeben. Da kann sie im Stall wieder was richten lassen, denn das ist ja eigentlich ihre Welt, dafür tut sie alles. »Ein anders Lebn waar nix für mi, und in der Stadt gehat i drauf.« Sie hat aber auch eine Hand für die Viecher. Dem Bauern Sepp, der seine Milchkühe nicht austreibt, sondern sie nur im Stall hält, hat sie eine Kuh um 300 Mark abgekauft, weil er sie notschlachten wollte. Ein ganz stumpfes Fell hat sie gehabt, und voller Räudeläuse war sie. 10 Liter Milch hat sie mit Mühe gegeben, und die Knochen sind ihr herausgestanden wie bei einem

Alexandra mit ihren Ziegen

Kleiderständer. »Das Viech hat mi direkt derbarmt.« Nach vier Wochen bei Alexandra, Weide, Pflege, Vitaminspritzen und Ansprache - »redn muaßt mit alle Viecher, des brauchans und des is fei für de das Höchste und für mi aa«- gab die Kuh 30 Liter und schaute wieder »ganz manierli« aus. Dann hat sie gerindert. Die Alexandra hat sie von ihrem Tierarzt besamen lassen und »stell Dir vor, Anemone, scho beim ersten Mal hat's aufgnomma«. Jetzt tät's der Sepp gern für 1.200 Mark zurückkaufen. Aber die Alexandra meint, das könnte sie der Kuh nicht antun, weil sie sich so an die Ziegen, an die Weide, das Reden und an das Draußensein gewöhnt hat.

Nun, da sie von ihren geliebten Viechern reden kann, kommt sie richtig in Fahrt. Vor allen Dingen ihre beiden Schweine haben es ihr angetan, die mit den Ziegen und der Kuh gut Freund geworden sind. Aber so possierlich und so gescheit die auch sind, ihrem früheren Schwein Emma können sie nicht das Wasser reichen. »De hättats ihr sehng soin, de war gscheiter ois wia mei Hund. De hat auf zwei Bein steh kinna und hat mi beim Fuadern so ohblinzelt; dera hob i nix abschloagn kinna. Jeden Tog bin i mit ihr a hoibe Stund im Stroh glegn und habs kraut. Des hoats braucht. Und sie is mir a nia vo die Füaß gwicha.« Dann hat sich die Emma ein Bein gebrochen und mußte notgeschlachtet werden. Aber

Winterstimmung am Schillersberg

»i hab koan Bißn runterbracht von meiner Emma. Des derfst mir glaubn, Anemone«.

Bei ihren sonstigen Ziegen und Schweinen ist das anders. Die kennt sie zwar auch alle mit Namen, spielt mit ihnen, spricht mit ihnen und liebelt sie ab, wenn sie es brauchen. Aber wenn es dann soweit ist, kann sie sie auch durchaus verkaufen oder selber essen.

Eigentlich hätten auch wir längst essen wollen, aber wir freuen uns so über und an unserem Besuch, dass wir keine Ungeduld zeigen mögen. Unseren Hummer wollen wir jetzt lieber nicht auftischen, damit wir nicht am Ende zu den reichen Leuten gerechnet werden. So trinken wir lieber noch einen Schluck Sekt und essen gemeinsam die letzten Weihnachtsplätzchen auf. Als ich die Kerzen im Baum noch einmal anzünde, sammeln wir wieder Pluspunkte bei Alexandra wegen der »richtigen« Kerzen, die sie noch nie an einem Baum gesehen hat, weil doch heute alle Leute elektrische Kerzen hernehmen. Nun haben wir endlich auch jemand gefunden, der unseren diesjährigen Baum bewundert. In diesem Jahr haben wir uns nämlich gründlich verschaut und einen Baum geschlagen, der zwar in der Höhe richtig, in der Breite aber weit über das hinausging, was unsere kleinen Raumverhältnisse eigentlich erlaubt hätten. Erst nach Umstellung von Sofa und Sessel konnten wir einen Platz für ihn ausmachen, der uns halbwegs noch Bewegungsfreiheit im Zimmer erlaubt. Auch die Tatsache, dass unser Christbaumständer am 24.12. gegen 10.30 Uhr zerbrach und Anemone in einer Blitzaktion im nahen Penzberg bei Obi den letzten dort noch vorhandenen Christbaumständer für uns erwerben konnte, sieht man dem festlich geschmückten »Breitbaum« nicht mehr an.

Alexandra löst für uns auch noch das Problem der Baumentsorgung. Wir sollen ihn nach Dreikönig vor den Ziegenstadel stellen, weil die Ziegen ganz scharf auf die Nadeln sind, die so viele Vitamine enthalten, dass die Milch gleich noch besser wird. Das Gerippe verbrennt dann der Sepp oder wir selbst im Kamin. Auf dem Land ist halt manches auch einfacher.

Alexandra verläßt uns schließlich gegen neun Uhr. Sie muss sich noch um die Oma kümmern, ehe sie zu ihrem Freund eilt und mit ihm Silvester feiert.

Wir bleiben vergnügt allein zurück, stellen wie in jedem Jahr fest, dass im Fernsehen ein Programm für Menschen wie uns nicht geboten wird und widmen uns deshalb bei Plattenmusik dem Silvesterdinner. Wenigstens »Dinner für one« bringt man später noch für uns, und dann gehen wir auf den Balkon hinaus und schauen auf Antdorf, Iffeldorf und Penzberg hinunter. Schon kurz vor 12 zischen die ersten Raketen dort in die Luft. Um 12 Uhr hören wir die Kirchenglocken und betrachten das Feuerwerk, das wegen der Entfernung nicht zu hören, aber wunderschön zu sehen ist, prosten uns zu, fassen uns bei der Hand und sind dankbar für das Vergangene und hoffnungsvoll für das Kommende. Unter dem klaren Himmel haben wir einen weiten Blick auf die Berge, die Sterne und das Feuerwerk unter uns. Dann geht das Telefon, das wir hier doch nicht abschaffen wollten. Geschwister, Neffen und Nichten wünschen uns »Prost Neujahr«.

Am anderen Morgen gehen wir, wie alle braven Dorfbewohner, um zehn Uhr in Antdorf in die Kirche und freuen uns an der Predigt und dem Gottesdienst von Pfarrer Kirchensteiner. In Iffeldorf, nur drei km weiter, bläst vorher der Posaunenchor vor dem Kriegerdenkmal und der Bürgermeister persönlich wünscht allen Bürgern und Zuschauern mit Handschlag ein gutes Neues Jahr.

Dann fahren wir die Osterseestraße hinunter bis zum Fohnseestüberl, schließen den Wagen ab und machen uns auf zu unserem Neujahrsspaziergang um den Fohnsee.

122

Durch die Herde der Wohnwagen müssen wir zuerst gehen, deren Eigentümer sich vor Jahren oder Jahrzehnten diese Plätze am Ufer des Sees erkämpft, erstritten, ermietet haben. Dank freundlicher oder geschäftstüchtiger Eigentümer des Seegrundstückes können sie nun dort - mitten im Naturschutzgebiet - bleiben und wohnen, obwohl es ein Bauverbot gibt, das aber für Wohnwägen nicht gilt. Der Komfort, mit dem die Wohnwagenanhänger ausgestattet sind, erlaubt ihnen mittlerweile nicht nur Gasbeleuchtung und Kühlschrank, sondern auch, wie an den Schüsseln unschwer zu erkennen ist, Fernsehen auf allen Kanälen.

Gleich hinter der Wohnwagenstadt wird es einsam. Man wandert über den Steg zwischen Staltacher See und Fohnsee, geht über braunnadeligen Fichtenboden und Baumwurzeln dahin und sieht der Sonne zu, die das braungelbe Schilf bescheint. Dann stößt der Weg auf den Ostersee-Rundweg, der heute in der frühen Mittagstunde kaum begangen wird und hat den großen Ostersee zur Rechten. Kurz bevor der Weg den See verläßt, überqueren wir einen Bachlauf, und da liegt die blaue Gumpe rechts, die man von oben betrachten kann, wenn man am grünen Hinweisschild vorbei auf den kleinen Steg geht. Er erlaubt den Blick ins kristallklare, leicht bläulich schimmernde Wasser und Ast- und Wurzelwerk, das die Quelle zu schützen scheint. Das Wasser dieser und anderer Quellen, die die Osterseen speichern, ist besonders rein und sauerstoffreich, was für die Fische und die gesamte Ökologie der Seenplatte gut ist.
Dann führt der Weg auf Iffeldorf und den großen Parkplatz zu, den wir links liegen lassen. Wir biegen direkt vor den Häusern links ab und folgen dem äußersten linken Weg, der am Sengsee entlang führt mit schönem Blick über gelbes Schilf und aufsteigende Enten, bis wir wieder auf die Osterseestraße kommen. Von dort hat man aufsteigend den schönsten Blick über die Osterseeplatte mit den nahen Bergen, dem Jochberg, der Benediktenwand, Herzogstand, Heimgarten und den fernen Garmischer Bergen vor sich, von denen Alpspitze und Zugspitze unverkennbar sind.
Nach ein paar hundert Metern und insgesamt einer guten Stunde Wanderweg sind wir wieder am Fohnseestüberl und an unserem Wagen.

Heute am Neujahrstag zieht es uns zu einem ganz einfachen Mittagessen nach Hause. Erbsensuppe mit Weißbrotbröckchen nach Art meiner Mutter mit Bratäpfeln danach. Das ist ein würdiger Beginn des neuen Jahres.

108 Seiten mit 47 farbigen
und s/w Abbildungen
Festeinband
Format 17 x 24cm
€ 12,30
ISBN 3-927984-77-9

Johann Daniel Gerstein

Liebe zum Pfaffenwinkel

Geschichten über Menschen
und Ihre Landschaft

In fünfzehn Geschichten beschreibt
Johann Daniel Gerstein Begegnungen
und Menschen des Pfaffenwinkels,
erlebt mit ihnen kirchliche und weltli-
che Feste und zeigt mit vielen Fotos
seine Liebe zu den Bewohnern und
Ihrer einzigartigen Landschaft.

»Und da ist so einer, der in diesem ge-
segneten Land an einem noch gesegne-
teren Fleck wohnt, in einer Einöde,
mit einem weitem Blick über Land
und Berge, ein Mann, den es nicht
mehr in alle Welt zieht, der lieber die
Welt, die sich in einem kleineren Um-
feld widerspiegelt, Land und Leute
entdeckt, auch die kleinen bescheidenen Dinge am Wegrand, der sich zu
Fuß auf den Weg macht und mit dem
Fahrrad, dabei aber nicht nur die drei
oder vier Meter vor sich auf der Straße
sieht.«

Paul-Ernst Rattelmüller